河出文庫

樺美智子、安保闘争に斃《たお》れた東大生

江刺昭子

河出書房新社

目次

プロローグ　樺美智子を探して　11

一章　日本の最良の娘……17

時代の暗い影につきまとわれて　18
哲学青年の父と、感情豊かな母　21
はやばやと沼津に疎開　26
「人知れず　ほほえみたい」　32
自治会の委員として　35
女性問題への関心　39
百合子研究が趣味　44
恵子さんへの手紙　47

樺家の住宅事情 51
予備校に通いながら 54
小遺帳から 58

二章

入党とパーマネント……63
女が東大に入るということ 64
サークルは歴史研究会 66
初めてのデモンストレーション 72
ストイックなキャンパスライフ 78
人生について、人間について 83
本棚は社会科学の書目ばかり 87
理論か実践か 92

二〇歳の誕生日に入党 94
パーマネントをかける 101

三章 風に向かって……105

恒久平和を願って 106
婦人問題の根本的解明を 108
勤評反対運動に参加 111
ブントに加盟する 118
文学部国史学科に進学 124
文学部学友会の副委員長 129
講和と日米安全保障条約 134
国会構内を解放区に 136

四章 神がかる美智子……143

帰ってこない娘 144
ドキュメント羽田事件 148
メンが割れていた 153
愛情の暖かいコート 158
「全学連に娘を奪われて」 162
全学連内部の混乱 168
ガリ切りと会費集め 173
史上空前の静かな大請願 177
もの静かで礼儀正しい学生 181
夕方の雑踏のなかで微笑む 186
市民も一般学生も街頭に 188
死の二〇日前の激写 191
羽田でハガチー事件 193

五章　六月一五日と、その後……199
けれど、闘わなければならない　200
目立つ鮮やかな装い　202
話題は卒論の進行ぐあい　205
南通用門を破り、突入する　210
ラジオで娘の死を知る　214
解剖は慶應病院で　218
ニセ証言で「圧死」と報道　222
圧死か扼死か　227
七社共同宣言で暴力を否定　235
銀杏並木を埋めつくした五〇〇〇人　237
「あなたは死ななくてすんだ」　241
「国民葬」というネーミング　244
可憐な少女のつぶらな瞳　251

六章　父母《ちちはは》の安保闘争……255

悲しみのなかでペンをとる両親　256
青木和夫の想い　263
『人しれず微笑まん』の出版　266
墓前祭と「六月の会」　270
一周忌前日の法廷に現れた樺美智子　273
北小路敏への公開状　277
夫妻で社会主義国を訪問　280
「顔」としての役割　284
『友へ　樺美智子の手紙』の出版　289
安保体制の超克を訴え、俊雄死去　294
二人の「美智子」　301

あとがき　306　文庫あとがき　309　参考文献　311

樺美智子、安保闘争に斃《たお》れた東大生

プロローグ
樺美智子を探して

日米安全保障条約の改定をめぐる反対運動さなかの一九六〇年六月一五日、国会構内で樺美智子が死んで、二〇一〇年の今年で満五〇年になる。さまざまな記念イベントが行なわれるだろう。新聞・雑誌の俳壇や歌壇には、例年にもまして、投稿者の思いと重ね合わせた樺美智子像が溢れるに違いない。彼女を葬った六月の雨は、レクイエムを歌うにふさわしい。

樺美智子を語った言葉の豊富さに驚く。インターネットで検索すると、二万件以上ヒットする。それは日々更新されている。関連本の紹介、当時の社会情勢や学生運動の解説のほかに、モノローグ風の書き込みが目につく。それは、たいてい「あの日、わたしは（ぼくは）……」から始まり、書き手自身の回想に踏み込んでいく。読んでいると言葉の海に溺れそうだ。

六〇年安保の象徴的人物として名前はよく知られていながら、一方で、のちの全共闘運動と混同し、警官隊が発射した催涙弾に直撃されて死んだ、デモ隊もゲバ棒で武装していたのだから殺されてもしようがなかった、という誤った情報も少なくない。

なぜ、これほどまでに注目されるのか。その後の学生運動で死んだ活動家は何人もいるのに。

一九六〇年の安保条約改定がその後の日本の行方を決定した最重要政策であり、それに反対する動きも「国民運動」と言われるほどの大衆運動にふくれあがった。そのなかの死であるということが、今も語り継がれる最大の理由だろう。だから、あの年、あの日、どこにいて何をしていたか、あるいは生まれていなかったかは、自身の立ち位置を測る尺度になる。

さらに、彼女が東大に学ぶ女子学生だったということもあるだろう。名を知られていない地方の大学の学生だったら、もっと違った受けとめられ方をしたかもしれない。女が四年制大学に入れるようになってやっと一〇年、戦後になって開かれた女子高等教育のホープだった。

それにしても、語られ、書かれ、歌われる樺美智子像は政治的に、思想的に、あるいは情緒的に彩色されたものが多い。実像は違うのではないか。そんな疑問から樺美智子を探す旅に出た。

樺美智子は、六〇年安保闘争の唯一の死者として、伝説の人物として、聖化され、美化されている。安保闘争後、四分五裂した新左翼グループの多くが、美智子があたかも自派の代表であったかのように、自陣営の旗とともに遺影を掲げ、あるいは「追悼集会」と称して政治運動の口実にした。

彼女が亡くなった直後の国民会議葬で、葬儀をコーディネートしたシナリオライター（当時）の松山善三は「この暴挙ゆるすまじ　6月19日午前0時　歴史の瞬間に立って」という美智子を悼《いた》む文章に「セーターに身をつつんだ可憐な少女のつぶらなひとみ」と書いている。

死んだ彼女の年齢は二二歳と七カ月。十分に成熟した大人の女であって、「可憐な少女」というのはあたらない。少女といえば、せいぜい一五歳くらいまでの女の子。判断力も十分でない子どもが、権力の暴力に倒れたといえば、残酷さがより強調されるが、それは違う。

他にも「処女」や「少女」を鎮魂する歌や詩があふれている。それが活字や電波を通じて流布され、聖少女樺美智子像ができあがっていった。葬儀で「日本のジャンヌ・ダーク」、「キリスト」と呼びかけた弔辞さえある。これらの文言は、美化しようとして、反対に死者を弄んでいることになるのではないか。

一方で両親は、美智子の遭難直後からメディアの求めに応じて、在りし日の娘について語り、多くの文章を書き残している。そこでは平凡な娘であったと繰りかえし、過激な学生活動家ではなく、「一般学生」のイメージを強調している。

樺美智子は、軍国主義に走る「日本帝国主義」打倒を究極の目的に、安保改定を葬るために、同志らと議論を重ね、熟考したすえ、確信的に国会に入り死んだ。もしかしたら死ぬかもしれないと、覚悟を決めていたふしもあり、それでもそこに行くことを自分の意思で選んでいる。「処女」でもなく「少女」でもなく、一人の社会変革者として。

二年前の二〇〇八年は、美智子が所属した前衛党ブント（共産主義者同盟）の結成五〇周年にあたり、ブントの元活動家たちが何度か顔をそろえる場面があった。

六月一五日には当時の関係者が中心になって作った「九条改憲阻止の会」の集会があった。そのあと、国会までデモ行進し、彼女が斃れた南門に追悼の花を捧げた。

七月五日にはブントの理論的指導者で、現在は世界的経済学者である青木昌彦の著書『私の履歴書　人生越境ゲーム』の出版祝賀会があった。

一二月一〇日はブント結成（一九五八）五〇周年飲み会。ブントの盟主島成郎が発した「招請状」に応じた学生らが集まって、共産主義者同盟を旗揚げした記念日である。

同月二一日には、60年安保ブント結成50周年記念集会実行委員会主催の「時代の転換のただ中で、『50年』を振り返る」が開催された。過去の歴史を共有するとともに、「そこからどれだけかの継承すべき経験と教訓を引きだしたい」という会合で、全共闘世代や若い人も含めて活発な論議が交わされた。

わたしは、この五年間、美智子の評伝を書くため、当時の運動関係者を訪ね歩いた。テープレコーダーをまわしながら、インタビューしているときの美智子に関する評価はおおむね好意的なものだったが、先の集まりでのなにげない会話に出てくる言葉は意外なものがあった。

「みんな、あの人は大した人だって言うけど違うね。六月一五日は最後のご奉公よって言ってたんだから」

「あれは交通事故で死んだのと同じさ」

「樺美智子は安保闘争の犠牲者だっていうけれど、羽田（事件）も六・一五も自己責任だよ、自己責任……」

「言っちゃ悪いが、バカというか、真面目すぎて、融通がきかない人だったな」

捨てぜりふのような、この種の評価が、当事者たちの本音なのかもしれない。世間に流通している美智子像との落差は大きい。素顔の樺美智子に近づきつつ、死者が美化され、聖化される過程に迫ってみたい。

人なだれによる圧死なのか、首を絞められた扼死なのか、謎のままになっている死因も改めて検証する。希望を託した娘を喪った悲しみだけでなく、それが政治的な死であるがゆえに、後半生の生き方を変えざるをえなかった両親のその後にも触れる。

本書は、樺美智子が命を落とすほどに入れ込んだ学生運動に寄り添うがゆえに、当時の学生運動の様相に記述の多くをさく。現在では理解されにくい場面があるだろうし、違和感を持つ人も多いかもしれない。こんな青春もあったんだと理解していただくとともに、彼女がどんな世の中を望んでいたのか、何を変えようとしていたのかを読みとっていただければさいわいである。

一章
日本の最良の娘

神戸高校自治会の執行部と（中列右端）

時代の暗い影につきまとわれて

樺美智子を「日本の最良の娘」と名づけたのは鈴木正四《まさし》だという。わたしはその文章を見つけられないでいるが、この言葉を紹介しているのは、美智子が著書を通じて敬愛した雪山慶正《ゆきやまよしまさ》で、「ぼくも、彼とともに同じ言葉を彼女におくろうと思う」と書いている（樺光子《かんばみつこ》編『友へ　樺美智子の手紙』）。

鈴木正四は『日本近代史』の著書のあるマルクス主義現代史学者、雪山はレオ・ヒューバーマンなどの著書の訳者として知られる経済学者。いずれも左翼陣営の論客であってみれば、「日本の最良の娘」という評言はすなおに受けとめられない向きもあるかもしれない。

しかし、一九五〇年代から六〇年代、人が自由であること、人が平等であることを希求して、まっすぐすぎるほどまっすぐに生きた、多くの若者がいた。そのなかの一人であったのは確かだろう。

勉強好きで、早くから社会に目を開き、驕らず、高ぶらず、いつも相手の眼をまっすぐに見て話し、静かで、決して声を荒げたりすることもなく、それでいてしっかりと自分の意見を持っていた。そのような娘を育てたのはどんな家庭だったのだろうか。

美智子の父俊雄は社会学者で、専門分野で多くの著書があり、娘が不慮の死をとげた直後から、ジャーナリズムの求めに応じて書いた文章も少なくない。そのなかの一つ、死後三カ月経たない一九六〇年九月に刊行された『最後の微笑』の「まえがき」に、美智子の生涯には「時代の暗い影がつきまとっていた」として、彼女が書き遺したものを紹介しながら、暗い時代の動きをどう感じ、反応したかを追っている。

生まれたのが一九三七年で、もの心がつくころは太平洋戦争の真最中、中学に入ると朝鮮戦争、高校時代には二大陣営の冷戦のすさまじさに心を打たれ、平和ということが強い念願となった。

原水爆の問題にも関心を引きつけられ、大学入学早々、原水爆実験反対のデモに参加。五月には、藤山愛一郎外務大臣とアメリカのダレス国務長官が日米安保条約改定の第一回会談を行なった。岸信介首相の言う「日米新時代」が始まり、新安保条約の全貌が明らかになるにつれ、日本に襲いかかる黒い雲を気にする国民が増えてきて、その反対運動の途中で娘は死んだのだと。

俊雄はまた別の場所で、このような時代に生まれたのでなかったら、彼自身がそうであったように、好きな本を存分に読み、それを生かすような生き方をしたのではないかと、実現されることのなかった娘の将来を惜しんでいる。

子のしあわせを望んで与えられる限りの環境を用意して育ててきた掌中の珠《たま》を失った悲しみを抑えつつ、宿命的、政治的な死と位置づけている。それにしても、同じ時代に生を受け、東西両陣営の冷戦状態のなかで育ち、政治にもの申した多くの若者たちのなかで、死んだのがなぜ樺美智子だったのか。それは避けられない死だったのだろうか。彼女の生い立ちからたどってみよう。

評伝を書くにあたって、わたしは美智子の長兄樺茂宏《しげひろ》に会い、失礼と思いながらプライベートに立ち入ったことを尋ねた。返答をもらえなかったこともあるが、浮かびあがってきたのは、日本の近代が理想として求めてきた典型的な近代家族の姿である。都市のアッパーミドルクラスの……と、付け加えれば、もっとわかりやすいかもしれない。

樺（かんば）という姓は珍しい。茂宏によると、もとは「かんば」ではなく「かば」だったが、俊雄の父剛の代に「かんば」と読み方を変えたらしい。「かば」という音から想像するイメージを嫌ったのだろうという。

俊雄の祖父にあたる樺正董《かばせいとう》の出身は鳥取県。数学教育者として知られた人で、『鳥取県百傑伝』に九頁にわたって経歴の記述がある。

生まれは一八六三（文久三）年、算数に秀で、各地の中等学校の教師をしたのち代数の教科書を執筆。日本中等教育数学会（戦後、日本数学教育会に改称）の設立に中心的にかかわるなど、数学教育界に功績大であった。その人柄や性格についてはこんなふうに書いてある。

「……これだけでも、彼がいかに努力の人であり真面目な辛棒づよい性格の人であったかが知られる。彼はきちょうめんな性質で、言行一致を尊び、こうときめたことは必ず忘れないで、これを守った。生活も質素で華美を嫌い……」

この評言はそのままひ孫にあたる美智子の性格を説明したものといってもおかしくない。多くの人が語る美智子は、華美を嫌い、真面目で辛抱強く、こうと決めたことにはねばり強く努力する人であった。大学の専攻は日本史だが、数学が得意であったと母親が証言している。

哲学青年の父と、感情豊かな母

樺正董の息子剛は電気関係の技師だったというから、この人も理系である。剛の長男俊雄は一九〇四年、東京生まれ。一九八〇年、七六歳で亡くなる年の『流動』に寄せた「思想への模索」という文章で、中学校から大学までのみずからの思想の軌跡を回顧している。

それによると中学、高校時代は社会的な問題には目を閉じていた。中学時代は内外の小説を濫読し、とくに白樺派の有島武郎や武者小路実篤に惹かれた。第一高等学校進学に際しては祖父と父の奨めに従って理科甲類を選び、将来は数学者になるつもりであったという。

しかし、高等学校で当時の学生の必読教養書である『三太郎の日記』(阿部次郎)、『古寺巡礼』(和辻哲郎)、『西洋近世哲学史』(安倍能成)などを読むうちにしだいに哲学思想に関心が深まった。なかでもベストセラー、倉田百三の『愛と認識との出発』で展開されている理想主義的ヒューマニズムに大きな影響を受け、倉田が高く評価している西田幾多郎の『善の研究』へと導かれ、ついには西田の教えを仰ぐべく京都帝国大学文学部哲学科に進学。ひたすら哲学の探求に専念したという。

俊雄が中学校に入学した一九一五年は第一次世界大戦が始まった翌年であり、一七年にはロシアで十月革命が成功。日本でも社会主義運動や労働運動が勢いづいているが、彼は有島武郎の『惜しみなく愛は奪ふ』に惹かれながらも同じ作者の『宣言一つ』以後を追求しなかった。「もし私が『宣言一つ』以後の有島に注目して、その思想を深く追求したならば、私は大学時代以来社会問題や社会的事件にもっと関心を寄せるようになり、違った思想経路を歩んだかもしれない」。

二七年に大学を卒業したころから、哲学青年を脱し、少壮の社会学研究者としての道を歩み始める。時代を察知するに敏なアンテナが新しい学問である社会学に活躍の場所を見出したのであろう。神戸大学、東京外語大学などの講師を務めたのち、二〇代で立正大学の教授になっている。

若いときから著書の多い俊雄は、仕事場を常に家族の暮らしと別に求めている。関東と関西の勤務地を掛け持ちしている時期もあり、あまり家族と一緒に暮らした形跡がない。浪人時代の美智子が友人宛の手紙に「私の家は家庭的雰囲気といったものが稀薄」となにげなく書いているのは、そのことをさしているのだろう。不在がちの俊雄に代わって家庭を采配したのが妻光子である。

光子は、一九〇六年生まれで、栃木県足利の出身。旧姓半田。両親はクリスチャンで、光子という名もクリスチャンネームらしい。彼女の周辺にクリスチャンが多かったことは、書いたもののはしばしからうかがえるし、聖書からの引用も散見できる。しかし俊雄がキリスト教に距離をおいていたため、結婚後は教会に通った気配がない。

父親が東京で会社を経営しており、東京女子高等師範学校（現、お茶の水女子大学）附属小学校から日本女子大学附属高等女学校に進学。一九二三年三月に女学校を卒業したことは、日本女子大学校発行の『家庭週報』（同年三月三〇日号）に附属女学校第二四回卒業生の名簿が掲載されており、半田光子の名が確認できる。その後、日本女子大学校家政科に進学したが、「三年にて学業をやめ結婚、家庭に入りました」（B・ジーハー作、樺光子訳『ボイタ君とゆかいな仲間』）とある。二五年か二六年に中退ということになる。ただし、俊雄との結婚は一九三一年である。感情が豊かで、年をとっても女学生のような雰囲気を持っていたと、多くの人が語っている。

『人しれず微笑まん　樺美智子遺稿集』の「あとがき」で光子は、美智子は平凡な娘で、「私たち両親も、したがって、その育った家庭もしごく平凡なものでした」という。この文章だけでなく、「平凡」であったと、光子はたびたび強調しているが、一九三〇年代の日本の風景のなかで眺めるとき、二人の築いた家庭は紛れもないアッパーミドルクラスのインテリ家庭であり、美智子は非凡な娘である。

そのように恵まれていることを素直に享受して生きる人も多いが、恵まれていることに周囲と比べて申し訳なさを感じ、今風にいえばその格差を解消する方向に向かったのが美智子であった。

美智子が生まれたころ、住まいは東京市淀橋区上落合一丁目四四一番地。茂宏が幼稚園のとき暗記させられたからと、今でも番地まで鮮明に覚えている。淀橋区は現在の新宿区である。

住まいは同じ町内に住んでいた村山知義《ともよし》が設計したものだという。村山はプロレタリア文学作家であると同時に昭和初期のモダニズムを代表する絵画やデザインでも知られる人で、俊雄によると、「……いかにも村山氏の設計しそうな、最小限度のスペースと最小限度の経費で、最大限に住みやすく工夫されたような家屋でありました」(樺俊雄／光子『死と悲しみをこえて』)。茂宏の記憶でも、サンルームがあり、白いペンキが塗ってある格子状の垣根がめぐらしてあったというから、関東大震災後の昭和初期から東京郊外にたくさん建てられた典型的な文化住宅であったことがわかる。

このあたりは文化人が多く住み、当時文化村と言われていた。作家の林芙美子、神近市子、経済学者の井汲卓一《いくみたくいち》、教育学者の小川太郎、ロシア文学者の神西清《じんざいきよし》、哲学者の秋沢修二ら。茂宏の記憶では近くに古川緑波《ろっぱ》の家もあった。

俊雄は、居住地の文化人らと消費組合の関係でつきあいがあったと書いている。東京の消費組合運動は、昭和恐慌のころから物価上昇の自衛手段として中産階級にも運動が拡大。とくに早稲田から武蔵野におよぶ中央線沿線の地域に広がった西郊共働社の会員のほとんどが知識人ないし文化人と呼ばれる人びとで、組合員名簿はそのままそのころの文化人名簿ともいえそうな豪華な顔ぶれだったとされる（勝目テル『未来にかけた日日』）。初代の婦人部長は現在の杉並区に住んでいた与謝野晶子。

西郊共働社から一九二九年に独立したのが城西消費組合で、樺家も加入したとみられる。樺家が組合の活動にどの程度参加したのかは不明だが、光子が戦後、ＰＴＡ活動に熱を入れたり、美智子没後、社会党系列の市民運動に飛び込んでいく土壌がこの時期に培われたのではないかと思う。

結婚翌年には長男が生まれているが、一歳で病死した。医師の誤診で手当てが遅れたためで、樺家ではあとに続く三人の子どもたちの健康を守ることに最大の注意をはらったという。

二番目が一九三四年生まれの茂宏で、次男だが長男扱いになる。三番目が茂樹で三六年二月生まれ。美智子は末っ子で、下落合の聖母病院で三七年一一月八日に生まれた。頭の大きい子で、医師は最初、男の子だと母親に伝えたらしい。間違いだとわかり、男の子三人のあとの女の子で両親は大喜びをした。

俊雄がギリシャ文化に関心が強かったことから、命名はギリシャ語に由来する。先の光子の文章の続き。

「そうした時に生れた最初の女の子に、せめて名前だけでもと思い美智子という名をつけました。これはギリシャ人が『美にして善』ということを意味するカロカガティア（kalokagathia）を生活の理想としていたことを聞いていたものですから、それを少しもじったものです。智は善に対する智性の鋭さを意味するものとして、それに美を冠したわけです」

このころには住んでいた家を買い取って増築し、お手伝いを三人もおいていたというから、かなり余裕があったようだ。俊雄の回想。

「妻は育児ということには、特別の関心をもっていたので、食事から衣服、子供の調度、それに子供に与える玩具に至るまで、最大の注意を払うことができました。美智子が生れた時分は、まるで私たちの家は小さな幼稚園のようなものでした。すべてが子供本位であって、子供を中心として一日のスケジュールが組まれ、子供にとって必要なものは一切ととのっていたからであります」

軽井沢に分譲地を買い、山小屋も建てた。俊雄は、本の執筆にはもっぱらこの山小屋を利用し、休暇には家族そろって茸狩りや栗拾いを楽しんだ。しあわせを絵に描いたような家庭である。美智子の死後、次兄の茂樹が、子どものころのわが家は夢のように楽しかったのに……とつぶやいたと、光子が書きとめていることからも想像できる。俊雄は、子ども本位の家庭の父親として、ものわかりのいい、ソフトな家長だったようだ。

はやばやと沼津に疎開

一九四一年一二月八日、太平洋戦争が始まったが、樺家は翌日の九日に沼津に疎開している。東京の住人が戦火をさけて地方に疎開し始めるのは、本土空襲が始まる四三年ころからだから、きわめて早い決断といえる。

開戦の半年くらい前から、戦争が始まれば生活が不自由になること、さらに本土空襲も予測して、食糧が豊富で、東京から遠距離でなく、文化水準もあまり低くないところを物色して沼津に決めたという。あまりにも手廻しのいい疎開なので友人にも疎開したとはいえず、子どもたちのための転地保養ということにした。とりあえず妻子のみが沼津に移り、俊雄は東京の自宅に残った。以後、俊雄は土曜日には身のまわりのものを持って沼津に行き、月曜日には上京して立正大学に顔を出すという生活になった。海岸に近いアパートから、まもなく二瀬川の農家の一部屋に移り、さらに下香貫の山の麓の一軒を借りて住む。

沼津での生活は計画通りで、食糧の点でも教育の点でもがまんができる程度で、戦争中でも少しも困らなかった。戦争が激しくなってからも、犬を連れて山道や野原を散歩し、夏は海で泳ぎ、平和で静かな生活だったという。先見の明を働かせた俊雄の判断のおかげである。

疎開して翌年の四二年四月、美智子は桃園幼稚園に入園する。戦時下で幼稚園生にもそれなりの作業が課され、砂場に砂を運んだり、庭の手入れや教室の掃除を先生が命じた。そんなとき園児たちは最初は面白がってやるが、やがてあきて遊び始める。美智子一人だけがいつも最後までがんばってやりとげたので、卒園のときに園長から特別賞をもらったという。真面目ながんばりやさんという評価は、もうこのころからということになる。

母と小学生の兄が声を出して暗算の練習をしているとそばにいていつのまにか覚えてしまうし、分数の概念も早くから理解していたと母親が書いている。四四年には、沼津第三国民学校一年生になった。

四五年五月には空襲で落合の家が焼け、安全だと思っていた沼津にも空襲があり、住んでいた家の庭にも焼夷弾が落ちた。さいわい不発弾で、家族は防空壕に避難して無事だったが、このときの恐怖は大きかったようだ。光子が、のちに美智子が羽田事件で検挙されたときの気持ちと重ねあわせ、「なんだかこんな経験を一度したことがあった！　水を飲みたいと思ったことが、こういうように喉がやっぱり渇いて！」と、真夜中の空襲でまつわりつく子どもたちと逃げまどった様子を回想している。

恐怖を味わったが、住まいを失うこともなく、一家が無事に敗戦を迎えた樺家は、恵まれていたといえるだろう。

俊雄は大学の授業が正常に復するとともに東京での生活が大半になり、沼津の家は母子だけで過ごすことが多くなった。三人の子が高学年になるころには、GHQの指導で沼津の小学校にもPTAが発足し、光子は率先してその活動に出歩くようになった。子どもたちに惜しみなく本を買い与えた樺家には、近所の子らが出入りして子ども図書館のようだったともいう。

美智子は小学校を修了するまで、病気もせず、家庭内の仕事を兄たちに伍しててきぱきと片付け、海山へよく出かけ、泳ぎも得意。五年生のときの富士登山では母親の荷物を一緒に背負うほどで、「大人の男子に遜色なく、あっ晴れな登山ぶりでした」（『人しれず微笑まん　樺美智子遺稿集』）とは光子の評価。

小学校高学年の二年間、美智子は教会の日曜学校に通っている。俊雄は、それを奨めも反対もしなかったが、「ただ形式化されたキリスト教の形骸にすがりついているようなキリスト教徒にたいしては私は強い反感をもっていましたから、美智子があやまってそういう方向にいかないようにという注意だけは妻にむかってしたことを憶えています」（『最後の微笑』）。そのせいか教会通いは二年くらいでやめたという。

一方光子は、美智子の死後まもない時期に書いた「遠く離れてしまった星」（『週刊朝日』一九六〇年七月三日号）に、小学生のころの日曜学校通いから、聖書のなかの「一粒の麦もし死なずば」という言葉を深くキモに銘じていたこと。学生運動に反対しても、「私たちがやらなくては」という使命感から運動をやめなかった美智子が、勉強机の本立てに常に聖書をおいていたことを明かしている。

二二年の生涯を通じて、驚くほどストイックな生活態度を貫き、学生運動への入れ込みようにも祈りに似た姿勢が感じられるのは、幼い日に胚胎したプロテスタント精神のゆえなのだろうか。

沼津第三中学校に入ってまもなく、一家は兵庫県芦屋市に引っ越す。俊雄が神戸大学文学部に開講される社会学科の責任者になったからで、中央大学教授と兼任。俊雄は東京と神戸を行き来する生活になった。

住まいは芦屋市の北部、山芦屋と呼ばれる関西でも有数の高級住宅地で、知人から借りた広くて趣のある洋館に暮らすことになった。六甲山の緑を背負った自然豊かな環境で、「春・夏・秋・冬全く夢中になるような、海と山の自然の美しさに囲まれながら沼津とは又違った文化的水準の高い楽しい生活は、私共の子供等のその時期に、大変良い影響を与えたようでした」(『人しれず微笑まん』)と光子が書いているように、申し分のない環境で中学、高校時代を過ごすことになる。芦屋中学校に転校して、たちまちクラスの中心になった様子を友人が語っている。

「樺さんと初対面のとき、お友達と、誰のお姉さんかしら、と話し合ったものでした。それほど樺さんは私たち同級生より一段と落ちついて本当に信頼のできるお姉さんのようだったのです。時には『ボク』という口癖からクラスのお父さんにまでしてしまったこともありました。いつもクラス中が樺さんに頼りきってしまって、勉強にも、運動にも、どの方面でも樺さん中心に動いて、その大きな暖い包容力に安心して溶けこんでしまっていたのです」(『死と悲しみをこえて』)

勉強だけでなく、クラス対抗のバレーボールやテニスや短中距離走で活躍し、山登りやスケートを楽しみ、ピアノを習い、音楽会や映画にもしばしば出かけている。こんな健康で文化的な生活を送りながら、なにごとにも真剣で、無駄を嫌った。黙々と勉強に励み、時間を惜しんで本をむさぼり読み、からだを鍛えた。「時間が足りない」が中学時代からの口ぐせだったという。

「修業式の日だけは私と遊びました。二年の時今もはっきり覚えていますが、学校から式をすませてかえると私にいったものです。『今年は私は一時間も無駄にしなかった』私はあきれて顔を見ました。でも何と晴れ晴れとした顔をしていたでしょう。そして私に『さあ今日はお母さんと山へ行こう、今日一日だけは解放されて遊ぶのだ』といって、犬を連れて飛び出すのでした」（『人しれず微笑まん』）

中学三年生のときの社会主義に関する書きかけのレポートが残っている（『人しれず微笑まん』）。ときあたかも朝鮮戦争の真最中で、日本の米軍基地を飛び立った飛行機が朝鮮半島の人びとを殺戮《さつりく》する。そんなニュースを新聞で読み、ラジオで聴いて、「此頃私は、戦争というものについてつくづく考えさせられている」。第三次世界大戦の危機が叫ばれているが、「その大戦の背景である二つの社会、資本主義社会と社会主義（特に共産主義）社会とはどんなものだろう」と問いかけ、それらをよく知りたいと思う。何も知らないで、また戦争に巻き込まれるのはいやだと考え、父親に社会主義や資本主義がどんなものか調べるのに良い本がないかと尋ねたら、「それよりもっと他にしなければならないことがあるだろう。共産主義なんかを調べて出したら、先生が困るだろ」と言われ、レポート提出をあきらめている。

このように中学生の美智子の関心がより深く人の暮らしに向けられていたことを、

光子は娘の書き残したものを原稿用紙に書き写しながら感じたようだ。「美智子は私と非常に仲良しでしたが、根本において異った性格が一つあったと、今になって気がついております。それは美智子が自然よりも人間に興味を持ったということでした」。

「人知れず　ほほえみたい」

「最後に」

誰かが私を笑っている／こっちでも向うでも／私をあざ笑っている／でもかまわないさ／私は自分の道を行く
笑っている連中もやはり／各々の道を行くだろう／よく云うじゃないか／「最後に笑うものが／最もよく笑うものだ」と
でも私は／いつまでも笑わないだろう／いつまでも笑えないだろう／それでいいのだ／ただ許されるものなら／最後に／人知れず　ほほえみたいものだ

「ブリュメール」

そこには　みにくさがある／アメリカ革命にあったように／フランス革命にもあっ

たように／人間のみにくさがある
そこには　悲惨さがある／それら以上の悲惨さがある
しかし／よりひたむきな清純さが／自由以上の自由を求める心が／そこにはある／
こんな風に私は思う

この二つの詩は、美智子の遺作として知られているが、高校時代の作品である。非業の死直後の追悼セレモニーの場で読み上げられ、それはまるで、早すぎる死を予感したかのような内容だっただけに、人びとの心に沁みた。

二篇ともフランス革命にちなんだ詩で、マルクスの『ルイ・ボナパルト、ブリュメール十八日』を下敷きにしていると思われる。散文や論文で自身の考えを述べるのを得意とする美智子が書き遺したもののなかでは、数少ない詩である。

人に頼らず、自分がほんとうにしたいことは何か、どんな人生を歩むかを一八歳で自己決定できる人は少ない。自分という存在の危うさを認識しているからこそ、人があざ笑っても「私は自分の道を行く」と言い切る強さ。「最後に／人知れず　ほほえみたい」という終連が効いている。

前者は、のちに光子が編纂した『人しれず微笑まん　樺美智子遺稿集』のタイトルに採られたし、多磨霊園の樺家の墓域に建立された墓誌にも彫ってある。

美智子が亡くなって三日後に行なわれた東京大学慰霊祭で、この詩を読んだのは、高校三年生のとき同じクラスで、ともに一年浪人して東大に入った加藤亮太郎《りょうたろう》である。加藤は、東大では文科I類から法学部に進み、卒業後伊藤忠商事に就職し、法務関係の仕事で海外滞在の長い商社マン。現在は神奈川県葉山に自適している。おだやかな紳士で、五〇年前を回顧しながらこんなことを語ってくれた。

「実は卒業のときにクラス会がありましてね。そのときに大前勲《おおまえいさお》君と僕と二人に樺さんがあの詩を贈ってくれたんです。どういうことだったか忘れましたが、委員としてお世話になりましたというような感じでしょうか。『最後に』と『ブリュメール』の二篇を色紙みたいな白い紙に色ペンで、きれいな字で書いてくれたんです。これをもらってくださいって……。彼女が委員長で、大前君と僕が委員で、実際クラスのことをいろいろいっしょにやりましたから、委員長としての感謝状だったんじゃないでしょうか」

男子が多いクラスでなぜ樺さんが委員長にという質問に、加藤は「そのころ女子を委員長にするのがはやったんですよ」と答えてくれた。

大前勲は『人しれず微笑まん』と『友へ　樺美智子の手紙』に収録されている手紙に「大野薫」として登場する。浪人中の美智子と頻繁に手紙をかわし、心の問題にまで踏み込んだやりとりをしている。思想的にも近かったとみられるが、残念ながら故人である。いずれにせよ、このころから「革命」に心を寄せていたのは確かだ。「私は自分の道を行く」という、挫折を知らない一八歳の決意表明がまぶしい。

自治会の委員として

美智子の短い生涯のなかで高校時代の三年間は、もっともはつらつとして楽しい時期だったのではないだろうか。早熟でやわらかい反骨精神を旺盛に発揮した。いかに生きるかに悩み、しかし一人で抱えこむのではなく、同学の仲間たちと問題を共有しあっている。

芦屋市立芦屋山手中学校の卒業生の多くは、市立芦屋高校をめざした。樺家の次男で美智子より二年上の茂樹も同校に進んだ。美智子はそこに行かず、通学距離も遠い兵庫県立神戸高校を選んだ理由を「あの派手な兄さんといっしょの学校に行きたくなかった」と書いているが、それだけの理由ではなさそうだ。

芦屋山手中学校では群を抜いて成績がよかったというから、高校の先の大学進学を見据えて、県下から優秀な生徒が集まり大学進学率も高い神戸高校を選んだのだろう。競争率も高いが、美智子は難なくクリアしている。

旧制の県立神戸第一中学校（一八九六年開校）と県立第一高等女学校（一九〇〇年開校）が合併して一九四八年に神戸高等学校になったが、男子の多い学校である。第八回生は男子四七〇人、女子二二四人、計六九四人。二対一の比率。全部で一三組、クラス平均五十数人のマンモス校である。

髪型、服装など校則はきびしかったという。女子は前髪をおろさずに前をわけ、長さは耳が隠れる程度のおかっぱ。紺のセーラー服に襞スカート、夏は白の半袖セーラー、襟に小さなリボンを結んでいる。男子は丸刈りに黒の詰襟学生服、夏は白の開襟シャツ。

「質素剛健」と「自重自治」が神戸高校の建学の精神だそうだ。初代校長の鶴崎久米一の出身校である札幌農学校ゆずりだと加藤が説明してくれた。

美智子や加藤が入学する前年、創立五六周年記念に戦前の一中時代の卒業生として招かれた東大総長矢内原忠雄の講演を冊子にしたものが、美智子の遺品のなかにあった。そのなかで矢内原は、神戸のような商業都市の、気風の派手なところの中学生を教育するためには特別の校風をつくる必要があり、それが「質素剛健」という生活態度だったと説明している。言いかえればスパルタ教育で、その気風が共学校になってからも受け継がれていたことになる。

在学中の美智子は、華美を許さない校風を気に入っていたようで、率先して校風を守るよう、下級生を指導。全校美化運動のときには、清掃委員として校舎の掃除に精出していたという。同級生の沖本綾子が語ってくれた。

「樺さんで思いだすのは、いっしょに〝立ち弁〟をしたことなんです。男子が立ち弁をしているので、やってみようと提案したのは樺さんで、母の作ったお弁当を立って食べたことがあります。女らしい人なのに、そんなことを言い出したのが珍しかったので記憶に残っています」

沖本は、美智子の印象をおとなしい人、女らしい人と記憶している。たしかに口数は少ないほうだし、背丈は中背、細身で、顔立ちもたたずまいもどちらかというと優しい。しかし、内に秘めている勁《つよ》さは、生半可ではない。それを発揮したのは自治会活動である。

全校生徒をまとめていくための自治会組織があり、執行部、協議会、購買部、そして新聞、図書、放送、清掃、風紀の各委員会がある。美智子は一年生のときは清掃委員、二、三年生では執行部に入り書記を務めた。三年生のときの執行部は、女子六人、男子九人で計一五人。このメンバーと親しくつきあい、ハイキングに行ったり、奈良の薬師寺に出かけた写真も沖本に見せてもらった。

自治会の役員として、「生徒心得」の改正問題について書きかけた草稿や、サークルのドイツ語研究会に入会者を募るための紹介文などが、父親がまとめた『最後の微笑』に紹介されている。いずれも要を得た文章である。

美智子の書いたもの、大学に入ってからの論文や報告文、アジテーションから手紙にいたるまで、思いついたことをずるずる書くのではなく、頭の中できちんと整理し構成を組み立ててからペンをとっており、段落を分けながら羅列的に書くのが特徴。論理的な組み立てで、文学的な修辞を用いたり、書き出しや言葉遣いで読み手を驚かせてやろうといった文章ではない。自分の主張を相手に届かせるための、頭のよさを感じさせる。文章を書き写していると、それがすでに高校生のときから身についているというより、完成されていることがわかる。同時に多くの下書きが残されていたということで、慎重な性格もうかがわせる（以下に引用するのは、いずれも『最後の微笑』からである）。

二年生の冬だから一九五四年末ごろ、北九州の炭鉱地帯を不況が襲い、労働者の妻子が身売りするまで生活が追いつめられていることが社会問題になった。それを『世界』で読んで、いてもたってもいられなくなった美智子は、まず『世界』編集部宛に資料を送ってほしいと手紙を出したらしい。編集部から炭労発行のパンフレットを送ってきた。

俊雄によると、美智子はその資料をもとに自治会として救援活動を行なおうとしたが、学校当局も、その交渉にあたった自治会委員長もあまり積極的ではなかった。校長は、「『世界』のようなイデオロギー的な雑誌の報道は信用できないが、『朝日新聞』のような権威ある新聞社の報道で事実とわかれば許さないでもない」ということで、美智子に頼まれた俊雄は、大阪の朝日新聞社に行って資料提供を頼み、炭労本部からも資料を取り寄せた。その資料を持って美智子と沖本が校長を説き伏せ、救援カンパの許可を得て、自治会ではなくクラスごとにカンパを集め炭労本部に送ったという。

沖本綾子が記憶しているのはちょっと違う。

「九州の炭鉱のカンパは樺さんが言い出して、わたしの父が朝日新聞の元記者だったので、その伝手で新ヶ江（のち立石）紀子さんと二人で新聞社に行って写真を借りたんですよ」

同級生の苗村雄二郎《なえむらゆうじろう》も、「自治会で彼女が書記で僕が書記長のとき、まばたきもせず僕の顔を見て、苗村さん、一〇円カンパしてくださいって言ったんだ」と、よほど印象に残っているようだった。困っている人がいることを知って、気の毒にと思っても、行動に踏み出すのは勇気がいる。たとえ少額でもおおぜいのお金を集めることで、役に立ちたいと動いたその実行力に驚かされる。

女性問題への関心

大学に入ってからの美智子は女性問題に関心を示した形跡があまりないが、高校時代は熱心に取り組んでいる。男子が多いせいもあって、なにごとも女子が男子のあとについていくという傾向に疑問をもったようだ。とくに自治会活動に女子の関心が強くないことから、女子の元気をどうやって引き出したらよいかに苦心している。

自治会会長選挙に立候補した女子を応援する演説草稿と思われる文がある。

「皆さんが、立候補者の名を知って、最も強く印象付けられたことの一つは、女子の立候補者があること、だったと思います。そして相当好奇心をもたれたのではないでしょうか。〃あいつどうかしてへんか〃、〃凄いやつだなあ〃とか或いは〃あいつ立候補などしよって可愛いい奴だな〃などと冷やかし気分の方が多いと思います。そしてはっきり言えば〝問題にしない〟でただ〝話題にする〟だけなのではないかと思います。でもなぜ、自治会長は男子でなければならないのでしょうか。こんなことをいうと又、〝それ例のやつが始った〟と言われる方があるでしょうが、全くのところ女子に自治会長は出来ないような規定も制度もないのです。（略）
ある人には〝女子はいわゆる「駄目」さ。第一に社会性に乏しいよ。決断力が足りないで、小さな事にも手間取る。視野が狭くて融通性がない。感情に支配されやすくて、自己の信念に生きない〟等々さんざんこき下ろす。又そうまでいかなくても〝どうもなんとなく駄目な気がする。やっぱり女子にはそういう方面の実力がない。極く少数の女子にはあるかもしれないが、協力者が無くては出来ないことだし、まあ大した成功は保証できない〟と言う人々もあると思います。そして心の内から〝女子の会長の下では、男子の執行委員はどうしてもやりにくい。やっぱり今迄通り男子がなるのが無難だろう〟という考えを追い出すのはむずかしいのではないかと思われます」
ここまで読んで、当時の共学高校の自治会や生徒会の実情をぴたりと言い当てているのに感心する。ではどうすればよいのか。美智子は同性に檄を飛ばす。
「さて私は、前群の人々を女子に対する認識不足などと言う勇気を持ち合わせてはおりません。むしろ是認しなければならないかも知れません。勿論、程度問題ですが、是認する必要があるでしょう。又、後者の人々がいうことも妥当であるような気もします。／女子の実力が不足していることを認めるなら、次にしなければならないことは明らかです。女子が実力を養うこと、全くそのものずばりです。

　もし皆さんの中に、その必要を認めない、つまり女子がそんなことをするべきではないという方があるならば、その方に先ずお聞きしたい。あなたは今までの、特に現在の社会状態に不満を持たないのですか、と。それに対して、持つ――きっとそう答えられると確信しますが――そう答えられたら次に、こうお聞きしたい。あなたはその社会状態を正すのは男子だけがすればよいと思われますか、と。もし男子の方が、そう思う、と答えられたなら、私は非常に失望せざるを得ません。もし女子の方がそう思うと答えられたなら、私は驚きと憤りを覚えるでしょう。……」（樺俊雄『最後の微笑』）

　草稿は、ここで途切れているが、女子へのマイナス評価を一応認め、ならば女子が実力を養うことで、男子とともに社会を変える場に立とう、と呼びかけている。

　敗戦後、ＧＨＱの指導で男女平等政策が実施され、女は政治参加の権利を得たし、男女平等教育の機会も保障され、戦前の女にはなかった財産権も回復したけれど、実態は男女平等とはほど遠い。家庭で男きょうだいと同じように育てられた美智子は、高校という小社会のなかで、女の実力の低さというより、男性優位に甘んじている現状が歯痒かったのだろう。

　女性問題を話しあう仲間も美智子が呼びかけて集めた。そのいきさつはこうだ。

「高校に入学して半年も経つと、私は自分の生活に対する不安にとても耐えられなくなりました。その原因の焦点を絞るならば、それは混乱した社会、なすべきことがなされていない社会、そしてその中でも非常に疑問な点の多い女性の生き方、そして又、暗闇の中にあるようなわたし自身の生き方など、これらのことに考え悩み憤りを感じあせり、そして不安が大きくなっていったといえるでしょう」と書き始め、「私達はただ男女同権を叫ぶよりも前に全《あら》ゆる面に於ける私達自身の実力向上を目指すべきです。そのためには互いに励まし合い、補い合って進む、より多くの友達が必要でした」と、ここでも女子の実力向上の必要を説いている。それもみんなで一緒に伸びていこうというのである。そこで、どのようにして仲間を募り、話しあいの場を持ったかを詳しく綴っている。

女生徒だけで女性問題を話しあう会は、三年生になるころには消滅したらしい。進学組と就職組に分かれて目標が異なったこともある。それでも美智子はあきらめない。今度は男生徒を巻き込んで、討論会を週に一度の頻度で持つようになる。

一九五五年、神戸高校三年二組は、文系国立大学受験希望者のクラス。今のように学習塾に通うわけではないが、それだけに自主的な勉強が実を結ぶ。加藤亮太郎が書いている。

「この重苦しい受験勉強の中で、どういう訳か彼女を含めた六人の女生徒（このクラスには女生徒は六人しかいなかった）と数人の男生徒とが集まって、色々なことを論じ合うグループが出来た。当時は寸暇を惜しんで勉強に専心しなくてはいけないのに、休み時間とか休講の時にはきまって幾人かが集まり、人生論などを語り合った。この『話し合い』は卒業間近かまで続いたのであるが、とかく灰色な生活になる受験期間に明るい灯を与えてくれた。樺さんはこのディスカッションに非常に熱心で、あんなに長く続いたのも樺さんの人柄があずかるところ大だったものと思う」（『人しれず微笑まん』）

討論グループの一人で、東大卒業後住友商事を経てJR東日本に勤めた山下主一が、こんなエピソードを教えてくれた。神戸第一中学校出身で、戦前の滝川事件の当事者で、当時京都大学総長の刑法学者滝川幸辰《たきがわゆきとき》がOBとして講演にきたときのことである。

「全学年が聴いたと思います。一時間半くらいしゃべったんだけど、そのなかで、女は良妻賢母がいいと二、三度言ったんですね。それに樺さんがカチンときてね。ぼくたちは日ごろの討論のとき、もっと進歩的なことを言ってたのに、あの滝川さんがそんなことを言った。終わってすぐね、樺さんが、山下さん一緒にいってくれと。顔色が変わってる。凛として、あれは許せない、こんなところにきてあんなことを言うなんて、わたしたちをどう思っているのか、神戸高校の女性を侮辱してる。わたし一人では迫力がないから、山下さん、いっしょに行って抗議してくださいとね。

そりゃそうだけど……日ごろから樺ちゃんが言ってることはわかってるけれど……だけどねえ、それはせっかくきてくれた人の労に対してどうなんだろうか。あれは滝川の意見なんだと了解しておけばいいんじゃないかと……。ちょっと僕はずるかったけどね、ことを荒立てたくなかったし、先生が困るだろうと思ってね。そんなことがありましてね、この人は簡単には人を許さない、いい意味で……そう思いましたね」

このように高校時代の彼女は、物静かな態度とごまかしを許さない激しい面が周囲の人びとに印象づけられている。

百合子研究が趣味

晩婚時代の現代では違和感があるが、美智子は中学生のころから結婚問題に関心をもっている。彼女が特別に早熟だったからではなく、女は高校卒業後から二〇代前半で結婚し、子どもを産んで……というライフスタイルがあたりまえの時代だった。その道をはずれれば、「行かず後家」とか「オールドミス」と後ろ指をさされた。家制度が生きているなかで、女の自由度は低かった。現在のように非婚や未婚の母であることを選択できる時代ではなかった。

そのような女に求められる生き方規範を考えあぐんで、高校一年生のころには、「仕事と結婚とをどういう形で両立させるかが問題である」(『人しれず微笑まん』)と、結婚も仕事も、という選択にいきついている。

二年生の終わりごろにはクラスでのアンケートにちょっとふざけて答えている。「将来の希望——自分の生活をしたい。誰だってそうではありませんか。生活の方便としての結婚はしたくない……アッタリマエではありませんか。社会事業関係か、教育関係の仕事をしたい。サラリーマン教師になるのはゴメン……アッタリマエではありませんか」

生活の方便としての結婚を否定し、職業をもって自分の生活を生きたいとしていて、迷いは払拭《ふっしょく》できたようだ。では、どんな仕事をするか。社会事業関係か教育関係というのも、これまでみてきた彼女の考えや行動の軌跡から当然と思われるが、別の機会には、母親に「新聞記者になろうかしら」と洩らしたこともあったという。

美智子の関心は早くから政治や社会問題にあり、読む雑誌も当時のオピニオン誌を代表する『世界』であった。アメリカの労働運動家レオ・ヒューバーマンの『アメリカ人民の歴史』や『資本主義経済の歩み　封建制から近代まで』なども高校時代に読破している。美智子より六歳上で東大文学部の先輩にあたるメディア史研究者の香内《こううち》三郎《さぶろう》が「日本の戦後一九四〇年代末から、このあたりまで続く一般的な『教養』伝統のなかにいる」（朝日ジャーナル編『女の戦後史　Ⅱ』）とこともなげに書いているが、かなりレベルの高い高校生でなければ歯が立たないシロモノである。

ヒューバーマンは、一九五七年四月に来日して本郷の東大で講演をしている。この年、東大に入学したばかりの美智子はいさんで聴きに出かけ、その様子を手紙で友人に報告している。

美智子が女の生きにくさを個人の問題ではなく社会の問題としてとらえるようにな

っていくのは、宮本百合子の影響が大きい。総じて文学にはあまり関心を持たなかった彼女が、唯一、魂を摑まれた作家といっていい。

百合子との出会いは小学校高学年。大人の本棚から『風知草』を引っ張り出し、むずかしい漢字の出てくる短編の筋をどうやら摑んだが、何か尻切れとんぼの感じがした。しかし、作品全体からくる雰囲気が、どこか気に入り、二、三カ月後にふたたび読んだときには相当はっきりした印象を残したという。

小学生で『風知草』が気に入ったというのは恐れ入る。治安維持法違反で戦時下を監獄で過した男と、彼を獄外で支えてきた妻が、一二年ぶりの共棲を再開するなかで、意識のずれにとまどいながらも共産党再建という共通の目的を抱いて歩き出す物語で、言うまでもなく宮本百合子と顕治夫妻を投影している。わかりやすいストーリーではないが、二人の前向きな生活態度や新しい社会建設に踏み出すところが気に入ったのだろうか。

以後、作品の筋や描写法よりもまず、百合子そのものに、彼女の信念とその実生活から少しでも多くのものを学びとりたいと、「百合子を研究すること、これが趣味になるかもしれません（生涯の）」と、先のアンケートに答えている。

浪人時代、友人の松田恵子に宛てた手紙にも、「『道標』を読んでいるそうですが読みごたえがあるとはとてもうれしいです。『道標』やその他一連の作品を読んでいるとき日々のちょっとしたこと（出来事？）に対する伸子の感じ方が私のそれとよく似ていることがよくあって、なんだか大いに気を強くしたことを覚えています。(宮本百合子があんなに沢山の作品に自分自身を映し出してくれていなかったら、今の私とはちがった人間に私はなっていたかもしれません。)」とまで書いている。

戦後の混乱期から六〇年代まで、生き方を模索する多くの女にとって百合子はお手本だった。『伸子』に始まり、『播州平野』、『風知草』、『二つの庭』を経て晩年の大作『道標』へと、「伸子」の生き方をたどった人も多い。困難な状況におかれながらも、決してあきらめない。向日的、かつ健康的、いささかのデカダンスも見当たらないのが百合子文学の特質であり、百合子という人の生き方である。

百合子と同じく知識階級の家庭に生まれ、恵まれて育ちながら、さまざまな社会問題にしぜんに関心が向く自身を「似ている」と思ったのだろう。百合子の言葉を借りれば、「人間の生の課題とは、人それぞれが仕事と生活を通して、自己認識に向っていくこと」。美智子はその言葉を着実に実践していく。

恵子さんへの手紙

高校三年になる年、俊雄は神戸大学を辞めて中央大学教授に復帰。それに伴って父と兄二人は東京に引越したが、母と美智子は神戸市灘区に転居。一年後、東京大学を受験して不合格になり、東京に引越して浪人生活をすることになった。

あのころ、どこの家にも電話があったわけではない。だから、みな、よく手紙を書いた。友人にも、好きな人にはもちろん、実家を離れている人は親やきょうだいにも。書くことで自分の思いや考えをまとめ、確認し、言葉がしぜんに磨かれる効用があった。

美智子も浪人時代から大学生活の前半、友人宛にせっせと手紙を書いている。手紙は日記代わりだと言って。それを死後に両親が本にまとめてくれたおかげで、彼女の精神遍歴の跡をたどることができる。

手紙の多くは友人の松田恵子に向けて書かれたものである。『人しれず微笑まん樺美智子遺稿集』と『友へ　樺美智子の手紙』に恵子宛手紙が計七二通収められている。前者に収録されている友人宛一七通のうち五通が恵子宛で、内四通が五六年四月から翌年三月まで、一通は大学入学直後。

後者に収録されている「恵子さんへの手紙」は、五六年四月から翌年三月までが二三通、美智子一八歳から一九歳までの大学浪人時代のもので、電報が一通含まれる。東大に入学した五七年四月から翌年三月までが電報を含めて二八通、二年生に進んだ五八年四月からは急に減って翌年三月までに八通、三年生の五九年四月から六〇年二月までに七通、四年生になってからはゼロ。

六〇年二月一一日付の簡易てがみ（速達）が公表されている最後の手紙で、羽田ロビー闘争で逮捕され、釈放まもない時期の、後期試験を受けている最中のあわただしさがうかがわれる文面には、ちりがかかっているとしたら申しわけありません。／当分の間誰かに私のことを聞かれても、『今元気で勉強中』とだけ答えておいて下さい。特にジャーナリズム関係には過去のことも含めて一切ノーコメントにお願いします」とある。

『友へ』に収められた手紙の写しを恵子が樺家に送ってきたのは六八年で、そのとき恵子は母光子に、これは美智子からきた手紙の全てではなく、少なくとも「ある人への気持が恋ということばを使って書いて」ある数通は渡していないことを告白している。公表されるのをはばかったのだろう。

恵子の写真は、『友へ』のグラビア頁に三枚掲載されている。二人の背格好が似通った雰囲気がある制服姿の一枚。お棺のなかの美智子と最後の別れをしている悲痛な写真。そして結婚後、三人の子らと幸せそうに写っているスナップは、編者の光子にとってわが娘の姿と二重写しになって見えたことだろう。

この人を、本人の希望であろう、樺家では美智子関係のすべての文章に「松田恵子」としているが、仮名である。旧姓は増田和子。結婚して夷姓になっているが、本書でも「松田恵子」で叙述する。

美智子の友人といえば、同じく闘争心にあふれた活動家を想像しがちだが、恵子はそういう人ではない。美智子は彼女を同志にしようといっしょうけんめい説得しているが、相手はいっこうに意思を枉《ま》げない。だからといって、美智子はその人から離れるのではなく、友人としてのつきあいは怠らない人だった。

恵子は『友へ』に「何よりの遺産」を書いている。

「樺さんのことを知らない私の友人は、樺さんのような人があんたなんかをよく親友にしてくれたわね、などといいます。またこの手紙のなかで樺さんが実に熱心に大学入学や社会主義の勉強を私にすすめているのを読むと、樺さんは相手をまちがったかと思うようなことがありますが、樺さんはかちかちの女史や、とっつきにくい秀才や勇ましい活動家などではなかったから、その頃の私としては何の不思議もなく、当り前の普通の友人として、本当に親身のおつきあいをしてきました。／そして今も世界観が異っても、お互いを理解しながら、時々は文通を、そしてたまには会っておしゃべりを楽しんでいる筈だったのです」

彼女は神戸高校の同級生。二年生で同じクラスになって以来、心を許した友である。ただ、二人の進路は大きく異なった。美智子は東大をめざし、落ちたら浪人してでもいく覚悟で、実際そうなった。

恵子は、結婚してよい家庭を築くことを理想にしていたという。だから、高校卒業後は地元の商社に勤め、美智子が繰りかえし大学進学を勧めても応じようとしない。

経済的な理由ではなく、女は学問をする必要はない、結婚して良い家庭を築くのが女のしあわせ、という親の教えをすなおに信じているのだ。当時の中流家庭には多かった考えで、親に抵抗してまで自分の道を切り拓きたいという強い思いはなかったようだ。

文学や芸術が好きで社会問題には強い関心をもたず、まして実際運動に参加することなど考えもしない。そのように思想も、ライフスタイルについての考えも全く異なる人であるからこそ、よけいに美智子は自身を鎧《よろ》わず考えをぶつけることができたのかもしれない。

恵子だけでなく、美智子は頻繁に友人たちに手紙を書いている。とくに神戸から東京に引越して浪人生活をしている五六年四月から秋頃までが多い。

　返事に追われ、悲鳴をあげている。東京にきて二カ月後の五月二九日付恵子宛手紙によると、「三十九通目の手紙」。返信を書かないと相手から苦情がくる。受験勉強で時間がとれないのですっかり困惑して「ノイローゼ気味」だと。実際、小遣帳をみると少ない収入のかなりの部分を葉書や切手代に当てている。

恵子の次に多い手紙の宛先は、神戸高校同級生の男友だち大野薫こと大前勲で、『人しれず微笑まん』に六通紹介されている。思想信条を同じくするという意味で、心を許した、長い文面のものばかり。これらの手紙を読むと、何が彼女の正義感を育て、力なき者への理解と共感へ向かわせたのかがよくわかる。

樺家の住宅事情

人が、離れた場所にいる親しい人に自分が見たこと、感じたこと、考えたことをすなおに語りかけるとき、それはおのずから時代の証言になる。その人が鋭敏な感性、柔軟な思考の持ち主であればなおさら、それは時代精神を映し出す鏡ともなる。樺美智子の手紙は、そういう性格のものである。

恵子宛第一信は、「昨夜無事東京の家に着きました。今朝は雨が降って相当な寒さです。昨日はおば様とお送り下さいましてありがとうございました。お菓子は汽車の中でもいただきましたし、今は兄達とむしゃむしゃやっています」(一九五六年四月二日付)。

どうやら東京の新居に着いてすぐの手紙のようだ。友人とはいえ、折り目正しい言葉遣い。この印象は、あとに続く手紙にも終始一貫した態度である。

このときの状況を、母光子がのちに思い出しながら補足している。

「一九五六年三月末日、私と美智子そして二匹の犬は、神戸の家を引き払って東京へ戻った。思えば戦争勃発と同時に沼津へ疎開し、終戦後芦屋市へ移転、美智子の中学と高校時代を過して、東京へ戻ったのはなんと十六年ぶりであった。(略)東京の街も丸やけからやっと十年たった時代、表通りは兎も角、横道へ折れればドロンコ道、自動車の入れぬ細い通りも沢山あったし、ひるのごはんはコッペパン(十円)も普通だった。コーヒー代は三十円~四十円。高くて栄養がないから牛乳(十円)を飲むべしだといわれた時代。およそ『忘れられた』、また『知らない』時代となっている」

娘が死んで八年経って、恵子から手紙の束が届き、実際の手紙の書き初めの時期からすでに一三年経っているのに、光子はその時代を生きた人の手ごたえたしかな文章で追憶している。いよいよ東京で、東大をめざして浪人生活のスタートだが、樺家のこのころの生活事情に触れておこう。

一九五六年からかなり長いあいだ、樺家は東京都杉並区の西、武蔵野市に近い地域、現在のJR西荻窪駅をはさんで南北の借家を転々としている。書かれたものから推測すると、芦屋ではゆとりのある暮らしをしていた樺家も東京に戻ってからは、かなり苦労しているように見受けられる。

五六年、長兄茂宏は東北大学三年生、次兄茂樹は中央大学一年生、それに美智子が予備校ということになるから、中央大学教授の収入だけでは厳しかったと思われる。しかも、父俊雄は、中央大学に転勤した五五年から家族とは別居状態。ずっと杉並区高円寺に住んでいる。ということは二世帯（一時期は三世帯）構えていることになり、生活費は余計かかることになる。

恵子宛第二信（五六年四月一三日付）に「予備校の方は経済的理由から今月は行けません」と書いているが、同月二六日付第三信では「昨日予備校通いを始めました」と変わる。授業料の準備ができたのだろう。

美智子と母親が落ち着いた家はバスの停留所まで六分、中央線荻窪駅までは一七～一八分かかる。間借りで、兄弟二人が一年前から住んでいる家へ、二人が合流した形になっている。出る約束の借主が出てくれないため、八畳一間に四人で暮らしていると、こぼしている。

水道がなくて井戸水を使用。机も一つしかなくて、勉強はほとんどが「読む」だけ。畳に坐って勉強するので正座したり、あぐらをかいたり、横座りをしたり苦労している。机が使えるときは数学をやっているという。

春休みが終わって長兄が仙台へ戻ったので、三人の生活になり、五月には前の借主が出ていって三部屋になったと喜んでいる。そんな住まいでも神戸時代からの犬も家族の一員で、美智子が散歩させている。

次に引越すのは、大学に入学した年の四月の終わり頃。「新居は殆んどが板の間ですがベッドが足りないので、床に寝ています（私だけ）」と五七年五月七日付で報告している。

予備校に通いながら

さすがに手紙の内容は予備校など受験がらみが多い。

四月下旬から通い始めたのは、御茶ノ水の研数学館。明治時代に数学の私塾として開校し、のちに理数系の専門学校になり、戦後の学制改革で大学受験の専門総合予備校として新しいスタートを切った。美智子が通いはじめたころは、東大など国立一期校をめざして予備校に通う人が急増した時期である。

クラスは一〇〇人くらいで、女子は四、五人というから、女子の浪人はまだ珍しい時代である。描写が面白い。「みんな出来るんだか出来ないんだかよくわかりません。前の方のよい席をとるために早くからやって来る人もあれば後の方で半分しか聞いてないような人もあります。今のところ殺気立っていないのでおもしろくありません」（四月二六日付）。

毎日定期試験があり、二週間分まとめて順位を発表する。第一回は点が低かったが、第二回の発表では午後の部（受験者数三百余名）の一番になった。午前の部（六百余名）の一番と比べて美智子のほうが七点も多いので、「何だかいやになって来ました」と、手ごたえのないのにがっかりしている。

「先生の中には、授業中しきりと生徒達を笑わせようと骨折る先生がありますが、あまり度々だとかえって腹が立って来ます。笑いすぎたり、腹をたてたりすると、頭の中から抜けていってしまいそうで、なかなかむずかしいです」（五月二〇日付）

緊張感に欠ける授業が気にいらず、六月には、この年の東大入学率がよかった紅露外語予備校に転校している。

「ところで今度の予備校は妙なところです。校舎を持っていないのであちらこちらに間借りしています。私が行くところは有楽町にある大きなビルの四階です。放送の公開録音などをよくやるヴィデオ・ホールです」

冷房や防音の装置が完備しているが、午前中しか使えない「とにかく傑作な学校」だとしているが、ここも物足らなかったのだろう。夏休みに最初から行きたかった、当時、最大手の駿台予備校の二学期補欠募集に応募している。八三人の募集枠に千人をうわまわる受験者。一学期に受けられなかった「恨み」から、両親に内緒で受けたところ、みごと合格。すぐに授業料を納めるように言われ、無理を言って親を困らせるのもと思って諦めかけたが、「母が乗り気になってくれ」入学することができたという。美智子が困ったとき、いつも助け舟を出してくれる母は、最高の応援団である。

この手紙の最後の方ではこんな言葉で結んでいる。「もしこれで大学にはいれたら『予備校漫歩』でも書こうかなどといって笑ったりしていますが、さてどんなものやら」（八月九日付）。余裕しゃくしゃく、念願の予備校に転校できて、今度こそは落着いて受験勉強に集中している様子がうかがえる。また、手紙から引用しよう。「駿台の方が始って一週間以上たちました。今のところ前の二つの予備校に比べてみて、授業内容もなかなかよいように思います。兎に角先生も生徒も張切っている感じがします。その証拠に前の方の席をとるのがとても大変です」（九月二〇日付）

一一月初めに母親が裏の家の小部屋を借りて、一人で静かに勉強できる環境をととのえてくれた。「私だけの部屋が出来ました」と、はずむような調子で喜びをあらわしている。

生活はきわめて健康的で、朝は七時ごろに起きて就寝は午後一二時ごろ、睡眠七時間で十分。体重は一三貫（約四九kg）、背丈は一五〇cmくらいというから、ふっくらとした体型ということになる。健康のために、家から駅まではバスに乗らずに歩いた。

夏休みには、新聞が配達されるよりも早く起きて、自転車の練習をしている。

映画「生きていてよかった」を観て、恵子にも勧めている。一九五六年に原水協（原水爆禁止日本協議会）が製作した原爆被爆者のドキュメンタリー映画で、全国に上映運動が広がった。寸暇を惜しんで勉強をしながら、社会的関心も失っていない。

一〇月一四日付の長い手紙の最後には「今日、砂川基地拡張反対運動の資金カンパに協力しました。一金百円也」とある。翌年には大学生として参加することになる砂川基地反対運動は、砂川町（現、東京都立川市）住民らが結成した反対同盟が中心の米軍基地反対運動。五五年から始まり、五六年秋には第二次測量の阻止という運動のピークを迎えていた。

一時勢いの衰えていた全学連は、この闘争に多くの学生を投入し、測量中止に政府を追い込んだことで、その後の学生運動の大飛躍につながっていく。強制測量が行なわれた一〇月一二日には、反対同盟員、学生、労働者らが警官隊と衝突し、多数の負傷者、逮捕者が出た。そのための救援カンパが予備校にもまわってきたのだろう。予備校の受験料三〇〇円を「高い」と書く美智子としては大奮発である。闘争に参加したいが、今は受験勉強中だから我慢、我慢、その代わりにカンパということだろう。

東大に入ってすぐに自治会活動に飛び込んでいく美智子は、高校時代から左翼運動に興味を持ち、共産党にシンパシーを抱いていたことが、手紙のはしばしから読みとれる。恵子には控えめな書き方しかしていないが、同じ思想を持つ大前勲に対しては、隠さず思いを吐露している。

六月末頃と思われる手紙には、参議院議員選挙の結果、革新派が進出して安心したと述べたあとに、「なぜ共産主義を支持するか」という問いに答えるとして、「資本主義経済は大多数の人間にとって（私は全ての人間と云いたいが）非常に有害であるために、社会主義経済に変えられねばならない――必然的に変えられるのだが――段階にすでに達している」として、「社会主義社会＝共産主義社会をつくる大きな仕事に、一生をかけて参加しようと決心している」と幼い覚悟を表明している。

小遣帳から

美智子の兄の樺茂宏宅で遺品の蔵書を見せてもらったなかに小遣帳が一冊あった。A五判ノートに、一九五六年四月から五八年三月までの二年分。

ノートに線を引いて、日付、支出品目、入金、支出、残額欄に分けている。五六年四月の五〇〇円から始まり、一七日一〇〇円、二一日五〇〇円の入金がある。五月の入金も一二〇〇円で、毎月一〇〇〇円余といったところだが、ときに入金（祖母）一〇〇〇円とある。栃木県足利に住んでいた母方の祖母が時折訪れ、美智子をかわいがっていたというから、お小遣をくれたのだろう。一〇月と一一月に臨時費として各一〇〇〇円とあるのは、模擬試験代などの費用を親に出してもらったのだろう。

四月中の支出は、はがき五〇円、ノート（一冊）四〇円、便箋・封筒四五円、インク三〇円、切手五〇円、バス（電車三）一八円、ルーズリーフ・鉛筆・鉛筆削り四五円、回数券一三〇円、万年筆一〇〇円、定期入れ三五円で、計五四三円。手紙を書くための支出と交通費がめだつ。

五月の支出も、切手、便箋、絵はがきが、九三五円の支出中二四五円を占めている。変わった支出は、ツベルクリン反応検査とBCG注射代で三五円。靴修理七〇円、アイスクリーム五〇円など。これ以降も文房具と交通費のほかは、床屋一〇〇円がときどきあるくらい。

大きな支出は、受験参考書と模擬試験代。『入試問題正解』三五〇円（六月二日）、第二回模試コンクール一三五円（同四日）などの記入が続く。受験用参考書とは違う『社会主義入門』、『インド史』、『働く女性の歴史』、『太平天国』も購入している。合格が決まったあとの三月二六日に『女性の解放』とあるのは、J・S・ミルの名著である。受験勉強のかたわら、こういった本への興味を持続していたことがわかる。

このほかに目立つのは、「砂川基地カンパ」のほかに、一二月二〇日の「北海道救援金」三〇〇円。同日に小遣一〇〇〇円が入っているとはいえ三〇〇円の支出は気前がよい。一二月二日には「旧級友慰安カンパ」三〇〇円というのもある。

小遣帳全体を眺めて驚くのは、自身の楽しみのために使ったと思われる支出はほとんどないのに、困っている人や運動支援のためには、出費を惜しまないことだ。彼女が繰りかえす「人民のため」「困っている人のため」という言葉が口先ではなく実践を伴っていることが裏付けられる。

一二月一三日で二学期の授業が終ったあとは勉強漬け。正月明けには恵子が上京し、高校時代の男友達や結婚のことについて話しあった。よほど楽しかったのだろう。そのあとは勉強の能率があがったと「恵子効果」を強調している。

受験希望校も打ち明けている。第一志望はもちろん東大文Ⅱ。駿台予備校での試験結果から自信を深めていたようで、両親も賛成。父親はさらに東京女子大を受けるようにと言い、母親は女子大には乗り気ではない。わたしは東京女子大よりは二期校に行きたいと。

当時は、一般に私立大学より国立大学のグレードが高かった。国立大学の入試は、受験時期をずらして一期、二期校に分かれ、受験生は両方から一校ずつ受験できるしくみになっていた。一期校は旧帝大系が多く、二期校は一期校の滑り止めの感があった。

二期校のなかでは、自宅から通えるからだろう、埼玉大学か横浜国立大学の歴史科を志望している。男子の多い高校で対等に成績を競い、社会的関心を育ててきた美智子は女子大には行きたくなかったようだ。

恵子宛五七年三月二三日付電報は、「『パス』アリガトウ」。追いかけて手紙。「松田さん、喜んで下さい。合格しました。夜の九時に速達がきたのを母がすぐもって来てくれました。明日横浜大を受けにいかないですみます。ふとんの上でデングリ返りを一つしました。合格したらぜひともやりたいと思ってたんです」。

喜びの余韻にひたりながら、三月二七日付の手紙にはこんなことも書いている。東大に行ってやりたいことは、英会話、タイプ、ペン習字、中国語。哲学及び左方面の書物を読むこと、文章を書くこと、討論すること、読書会も、と夢は限りない。「ボート部にはいりたいけどこれは無理」とも。したくないことは「東大生意識をもつこと」というのは、エリート意識を持ちたくないということだろう。

合格が判明した日、デングリ返りのあとにまず実行したのは『毛沢東伝』を読破することだった。遠い存在であるはずのその伝記の主から、死後「樺美智子さんは全世界にその名を知られる日本の民族的英雄になった」と讃えられるとは、想像だにしなかっただろう。

二章　入党とパーマネント

女子学生歓迎会で挨拶する
樺美智子（立っているのが樺）

女が東大に入るということ

一九五七年四月、美智子は東京大学の学生になった。

東大に初めて女子が入学したのは、敗戦から七カ月後の四六年四月。まだ旧制で東京帝国大学である。四五年一二月に文部省が発表した「女子教育刷新要綱」によって女子に初めて門が開かれたのである。一〇八人が受験して一九人が合格した。入学者一〇二六人中の一九人という希少種。以後、少しずつ増加する。

四九年、新制スタートと同時に教育学部、五三年、駒場の教養学部の後期課程として教養学科、五八年に薬学部が新設され、入学定員も激増する。女子合格者数は、五〇年に二〇四二人中三八人、五五年二〇三四人中四七人、六〇年二一九九人中六三人、六五年二八三一人中九三人。七〇年に三〇六五人中一二三人と三桁にのるが、比率が一〇%を超えるのは八七年だから、女子にとって入りやすい大学とはいえない。

美智子が入学した五七年の全入学者数は二〇一九人、うち女は六三人、このなかの三九人が美智子と同じ文科Ⅱ類である（東京大学女子卒業生の会 さつき会編『東大卒の女性 ライフ・リポート』）。

このころ、四年制大学の女子進学率は二・五%。東大入学を喜ぶどころか、これで嫁の貰い手がなくなったと嘆く親もいたという時代。男子学生のなかには、君たちが入ったために入れなかった男がいるんだぞ、と脅迫めいた言辞を弄した者もいたという。学問は男がするもの、女は女子大か短大にでも行けばいいものを、男の領域を侵すとは……ということらしい。

女のくせにという目に囲まれて、女はしぜんに肩に力が入らざるをえない。しかし、男子の比率の高い高校でトップクラスの成績だった美智子は意に介していなかったようにみえる。

四月一二日、本郷の安田講堂で入学式が行なわれた。

東大は旧制第一高等学校のあった目黒区駒場に前期課程の教養学部を、文京区本郷に後期課程の専門学部をおいている。新入生が通うのは、京王井の頭線で渋谷から二つめの東大前駅（現在の駒場駅）を降りてすぐの教養学部。当時の教養学部は文科Ⅰ、Ⅱ類、理科Ⅰ、Ⅱ類に分かれ、美智子が入学した文科Ⅱ類は文学部と教育学部に進むコースで、経済学部や法学部進学者は文科Ⅰ類。

入学式の翌日、駒場の教養学部正門には自治会の活動家たちが陣取って新入生たちにビラを渡している。ビラを配る学生も新入生も男子のおおかたは詰襟の学生服を着用、女子の多くも高校時代の制服のまま。生活にゆとりのないこのころ、新しいジャケットやスーツを誂える資力はほとんどなかったのだ。それに特定の大学の学生服と制帽は、エリートの証明でもあった。靴ではなく下駄履きもいる。

ちなみに、この年の東大文科系の年間授業料は九〇〇〇円。比較のために書いておくと早稲田は二万六〇〇〇円、慶應は三万円であった。

一年生は選択した第二外国語によって八つにクラス分けされた。クラスといっても語学をいっしょに受講するだけだが、大学に入って最初のクラスだけに仲間意識が強く、五〇年経った今もひんぱんにクラス会を開き友好をあたためているクラスもあると聞いた。

一組は英・独or英・仏既習及び英・中国語のクラス、二組から四組が英既習・独未習、五組から八組は英既習・仏未習で、独語を選択した美智子は二組。一組や仏語クラスは四〇人程度だが、独語クラスは六〇人近い編成。しかも、二組には田中和子、谷本桃子、榎本暢子、星佳子、野村淑美ら女子が一〇人もいた。

サークルは歴史研究会

当時の東大教養学部の学生組織は学友会と自治会があり、前者は高校の生徒会のような存在で全学的行事を受け持ち、学生運動は自治会が中心に行なっている。学友会は全学クラスの代表約五〇人、サークルの代表三六人、教官の代表一〇人からなる組織。一九五八年時点でサークルは文化部四五、運動部二九があるが、そのうちの三六サークルから選ばれる。

代表はそれぞれ評議員として最高議決会議である評議員会に出席する。そこで、サークルやクラス活動のための予算を作ったり、週刊『学友会ニュース』と年三回発行の『学苑』の編集、全学的行事（野球大会、陸上運動会、テニス大会、歌と踊りの会、合唱祭、連合シンポジウム）などの運営をする。

自治会は全学連（全日本学生自治会総連合）系列の組織といっていい。東大は駒場と本郷それぞれに全学連の下部組織である常任委員会（本郷は中央委員会）がある。常任委員会は本部が決めた方針を大学に持ち込む。

それを受けて各クラスで討議し、その決定を持って自治委員の代表が代議員大会を開き、東大教養学部としての態度を決めるという手順を踏む。自治委員と代議員は別の場合もあったという。本郷は学科ごとの話しあいを積みあげて学部ごとに決議する。自治会民主主義と称し、それぞれの自治会の自主性を重んじたわけである。

美智子が主にかかわるのは学生自治会である。初めてクラスの顔あわせが行なわれた日、常任委員会からさっそくオルグがやってきた。

「英・仏のスエズ侵略やハンガリー事件で緊迫した国際情勢下にあってぇー」と切り出した上級生の演説を美智子はどんな思いで聞いたのだろうか。語尾を引っ張る学生運動家特有の話し方は、今ではほとんど聞かれなくなってしまった。ハンガリー事件とは、五六年にハンガリー国内で市民と政府側がスターリン主義をめぐって対立し武力衝突したとき、ソ連軍が介入して親ソ政権を樹てた一連の事件をいう。

まだ隣の学生の名前さえ知らない、ついこの間まで受験勉強に明け暮れて、大学の様子もとんと飲み込めないのに、いきなりこんな場面に遭遇するのは、このとち約一〇年間の政治の季節、これは多くの大学での日常風景になる。美智子のように高校時代から大学に入ったら学生運動をすると決めていた者には抵抗がなかっただろうが、地方からポッと出の新入生にとっては、最初のカルチャーショックといっていい。これが東京弁かと早とちりする者だっていた。

オルグの学生は、短い演説のあと、クラスの自治委員を決めるよう言いおいて去っていった。こんなときは、みんなとまどう。だから、たいていのクラスでは、とりあえず籤引きで委員を選び、一、二カ月後、様子がわかったところで、改めて選び直そうということに落ち着く。もちろん、みずから自治委員に立候補する者がいれば、それはそれで決まり。美智子のクラスは籤引きで決めた。

五月の連休が明けるころにはクラスの顔ぶれもわかり、学生運動に熱心な者とそうでない者が誰の目にも明らかになる。無関心派は、そもそも面倒くさい自治委員などは志願しないから、抽選で選ばれた自治委員は退き、美智子と長尾久《ながおひさし》が選ばれた。長尾は記憶をたどりながら、「樺さんとぼくと、立候補しようという申し合わせみたいなことをした気がするなあ」と言うから、予定された行動といえよう。長尾は二年生のときストライキの責任者として停学措置になり、同級生とは一年遅れで卒業し、ロシア史研究者の道を歩んだ。著書に『ロシヤ十月革命の研究』がある。

彼女は自分だけがめざめればいいと考える人ではない。恵子にせっせと手紙を書いているように、クラスでも特に女友達に積極的に働きかけている。級友谷本（のち早坂）桃子の思い出。

「私たちのクラスには女子が十名もいましたが、そのうちかなりの数が、やがてセツルメントや自治会に関係するようになり、樺さんの影響は非常に大きいものがあると思います。今考えてみても、樺さんにもし出合わなかったら別の人生を歩んでいたにちがいないと思われる友人もあります。そんなわけで肝心の授業にでることができなくなったりして、クラスの語学の授業には女子の出席者は大抵二人位で、『女子学生はふつう授業によくでてくるものなのだが、このクラスは……』と、先生をあきれさせたものでした」（『友へ　樺美智子の手紙』）

合わせて七四ある文化系とスポーツ系のサークルに四割の学生が加入した。文化系で活発なのは、E・C、歴史研究会、社会主義研究会、法学研究会、政治経済研究会、ソヴィエト研究会、中国研究会、ユネスコ研究会、セツルメント、哲学研究会、演劇研究会、音感合唱サークルなどで、いくつものサークルに顔を出す者もいる。美智子は迷わず歴史研究会（略称歴研）を選んだ。

歴研は人気サークルで、一〇〇人近くが所属していたという。歴史学に人気があった時代、知的刺激を渇望している美智子にふさわしいサークルといっていい。

歴研のなかがさらに中国革命史、史論、明治維新、日本資本主義発達史、天皇史、西洋史、婦人問題史などのグループ（Gと略称）に分かれている。美智子が属したのは中国革命史Gと史論G。婦人問題史Gは、二年上の廣瀬（のち中島）通子《みちこ》や山下（のち石田）米子《よねこ》が創設し、美智子も一応入会しているが、休眠状態でほとんど活動した形跡がない。

サークル活動には大学の講義より身を入れる者も多く、共通の関心事で結ばれて、ここで培った友人関係が学校生活の基本になる場合が少なくない。ひとつのグループが同学年でせいぜい六、七人なので親密度は濃い。同期生に長尾久、北原敦《あつし》、坂野潤《ばんのじゅん》治《じ》、服部信司ら、一年上に青木昌彦、見田宗介らがいる。すでに本郷に進学しているが、大口勇次郎、高村直助《たかむらなおすけ》、大瀬振ら、のちのブントの活動家で、美智子に大きな影響を与える人びとは、いずれも歴研出身。高校教師になった大瀬をのぞき全員が経済学や歴史学の研究者になっている。

歴研に入ってくるほどの学生は、ほとんど高校時代にマルクス・レーニン主義の洗礼を受けている。「あのころは、マルクス・レーニン主義というのが厳としてありましたからね。まず、それを身につけるということが、学生運動にかかわる者にとっては課題でしたね。それがごく当然のことでした。それから歴研というのは、みなデモにいくサークルで、よく議論しました。四月に入学してすぐにデモばかりです。一番初めはクリスマス島の水爆実験反対デモです」と話してくれたのは、のちにイタリア史を専門に研究し、『イタリア現代史研究』などの著書がある北原敦。

駒場の学生運動は、寮生がリードすることも多かった。構内に三棟ある寮は旧制高等学校時代からの建物で、男子限定（女子寮は芝白金にあった）。寮運営は学生の自治に任され、大学当局も軽々しくは介入できない、いわば学内の解放区。

駒場の常任委員会から提起された問題、たとえばストライキなどもクラスに先んじて、寮の総代会が全学生に呼びかけることもあった。通学生よりはまとまりやすく、地方の中下層の出身者が多かったから、ラディカルな方向に流れやすかったという。

呼びかけや主張を書いたビラの文章をガリ版で切る「カッティング」、それを謄写版で刷る「スッティング」は、活動家にとっては基本的な仕事で、刷るのは寮内の部屋で行なわれることも多かった。翌日配布するビラを一晩で二〇〇〇枚、三〇〇〇枚刷ったと、取材した元活動家はほとんどが口をそろえた。

薄い原紙に一文字、一文字、鉄筆で文字を切る。力の入れようをあやまると、原紙が破れて、最初から書き直しをしなければならない。その版下で数千枚も刷るのは、かなりの技術が必要だった。大変だったけど面白かった、学生運動のひとこまだったと、みなが回想する。

もちろん、学生運動家だけの特技ではない。教師が配るプリントも、文芸好きが作る同人誌も、みなガリ版刷りだった。パソコンで打って、高速のコピー機があっという間にコピーしてくれる現在からは想像もできない光景である。

そうして男子学生が徹夜で刷ったビラを、朝早く美智子が取りにきて、登校する学生たちに門で配っていた姿を覚えている人も少なくない。「寝てるところを樺さんによく起こされたなあ。汚くて臭い男の部屋に樺さんみたいなお嬢さんがよく入ってきたもんだ」と。

初めてのデモンストレーション

この時代の若者の音楽シーンを代表するのは歌ごえ運動である。数年前まで武装闘争に明け暮れていた共産党が、歌と踊りのソフト路線に変身して全国の労働組合や大学に「歌ごえ」の種をまいた。それがみごとにあたった。

毎週土曜日、駒場北寮前で音感合唱サークルが指導する土曜合唱が始まると、しぜんに人が集った。アコーディオンの伴奏で全学連歌、平和の歌、ロシア民謡などが流れると、そのまわりに幾重もの人垣ができて、『青年歌集』片手に歌の輪が広がる。サークル合唱、クラス合唱、さらには全学合唱祭も開かれた。

敗戦直後の廃墟の風景こそ薄れつつあるとはいえ、大なり小なり戦争を体験している学生たちにとって、誰はばかることなく外国の歌を歌える、それだけで充足感があった。美智子も覚えた歌を家で口ずさみ、歌の好きな母にも教えて、二人でよく歌ったのが「世界をつなげ花の輪に」。

歌ごえ運動は、デモンストレーションの場でもあった。ころあいを見てリーダー格の学生が話しはじめる。「世界の平和を守るために、我々学生は、米英の原水爆実験を阻止する戦いの先頭に立って闘いましょう。さあ、歌いましょう」。

一九五七年における全学連の運動目標は原水爆実験反対の大衆運動に学生を動員することであった。米ソは冷戦の最中、核実験を繰りかえしており、地球の北半分の放射能汚染が急速に進みつつあった。日本で原水爆実験反対運動が起こったのは、これより三年前の五四年三月、日本の漁船がビキニ環礁で行なわれたアメリカの水爆実験の「死の灰」を浴びたのがきっかけで、第一回原水爆禁止世界大会が五五年八月、広島で開かれた。

米ソに続けと、世界で三番目の核兵器保有国となったのがイギリス。クリスマス島で四月二〇日に実験をするという報道があり、原水協が主催して「クリスマス島水爆実験抗議デー」の国民集会を行なうことになった。入学早々、上級生がオルグに来たのは、このデモへの誘いである。

美智子のクラスでは抗議集会とデモへの参加をめぐって賛否の意見がぶつかった。自治会の方針を支持する者としない者がいる。クラス討論となると、運動なんてやりたい奴が勝手にやればいいと、姿を消す者もいる。

四月二〇日、土曜日、美智子は初めてデモに参加した。木枠にボール紙を貼ってプラカードを作り、「原水爆実験反対」と書きこんだ。一二時に二〇〇～三〇〇人が集ったところで、隊列を組んで出発。多くは文Ⅱの学生で、一年生の女子は美智子を含めて四人だけ。井の頭線で渋谷に出て、地下鉄銀座線に乗り換え、赤坂見附で下車。集会会場の清水谷公園に着く。

原水協の安井郁《いく》理事長、全学連委員長の挨拶などののち、大会宣言を採択しデモに移った。激しい雨が降りはじめ、傘を持たない学生らはびしょぬれになりながら、スクラムを組んだ。清水谷公園を出たデモ隊は、ＮＨＫのテレビ塔を右手に見ながら半蔵門に出て、お堀端沿いに内堀通りを九段下方面に進む。常任委員らが「シュプレヒコール！」と叫ぶと、みんなで声をそろえて「原水爆実験をやめよー」などと叫ぶ。

やがて行く手に石垣に囲まれたイギリス大使館の瀟洒な建物が見えてくると、デモ隊は道路いっぱいに広がってジグザグ行進に移った。まっすぐではなく、右に左に激しく駆けながら進む。当然、道路上の車や都電（内堀通りを路面電車が通っていた）は走ることができず、立ち往生する。

一般市民にとっては迷惑な行為だが、このデモ・スタイルは以後約一〇年、東京の街の名物になった。学生たちの若いエネルギーが噴出した形だが、馴れない者にとっては、ジグザグデモは衝撃的だった。

「ジグザグ行進などをやっている最中は、一種異様な雰囲気に包まれ、感情的に非常にいやになりますが、『水爆反対、スイバク、ハンタイ』を叫びながらも、頭の中で、討論のときに確認した理由をくり返しくり返し思い浮べるようにしました」と、美智子はジグザグ行進にとまどっている。

このときがデモ初体験の同級生林紘義《はやしひろよし》も、自身をモデルにした小説「天《あめ》の火もも」（『海つばめ』二〇〇八年七月二七日号）で批判的だ。「ジグザグデモが終わったとき、通り過ぎていく自動車から『バカヤロー』といった罵声が浴びせかけられ、久夫の心臓は縮み上がった。ジグザグデモを規制しようとした警官に旗竿を叩きつけておいて、さっと逃げて行った活動家もいて、久夫の心には何かいやだという気持ちが膨れ上がり、反発した。とにかく、田舎から出てきた、素朴な少年を心底からゆさぶり、驚天させる、激しい敵意や対立みたいなもの、暴力的なものがあった」。

林紘義は、長野県出身で、新聞部、柔道部などに参加しながら自治会活動で美智子と出会い、共産党へ、さらにブントへと行動をともにした人。回想記『哀惜の樺美智子　60年安保闘争獄中記』がある。現役の政治活動家で、マルクス主義同志会代表である。このときは運動靴を買う二〇〇円がなく、下駄履きだったという。

五月一五日、イギリスが第一回水爆実験を強行。

全学連は一七日を「原子戦争準備反対全日本学生総決起行動デー」と決めてスト指令を出し、各大学自治会はストライキか否かで揉めた。先のデモは活動家限定だが、今度は全学生がかかわるから、みんな無関心を装ってはいられない。

登校する学生は、毎日、五・一七ストライキを呼びかけるビラの束を渡される。のちの全共闘時代のような巨大な立て看板はまだなく、代わりに並木道の掲示板にさまざまな意見、つまりアピールが貼り出されている。

それを読んでいる学生のかたわらで、自治会の役員がアジ演説をぶつ。もちろんスト決行派。演説が途切れると、音感合唱サークルのアコーディオンが響く。

一年生の各クラスでも議論が闘わされた。新入生としてぶつかった初めての本格的な大衆行動。美智子や長尾はストライキを支持し、みなの説得にまわった。

反対する者も多い。全学ストとなれば、授業を受けたい者の権利を奪うことになる。

運動するのは自由だが、授業を受ける自由もある。そもそも原水爆に反対だからといって、学生がストをするなんて論理の飛躍も甚しいではないか。教官にも原水爆に反対の人はいる。ストは彼らを敵にまわすことになるのではないかなど。

この当時の大学では、教官も学生運動に関心を持つ人が少なくなかった。学生側がクラス討議のために、教官から時間を「もらう」こともしばしばあった。気前よく時間をくれる人とそうでない人がいたが、教室に残って学生の討論に耳を傾け、ときに意見を言う場合もあった。

また、ソ連が無警告核実験をしたことについて、自治会派ではない学生から抗議の声があがった。米英は「戦争勢力」で、ソ連は「平和勢力」だと自治会は極め付けているが、核実験が死の灰を撒き散らすのは同じではないか。なぜ、ソ連の核実験に反対しないのだと。今から思うと当然すぎる疑問だが、当時はこの声は小さかった。

クラス討論のあとの代議員大会では、当初、全学ストライキで闘おうという意見が優勢だったが、最終的には「自主的授業放棄」に決まった。処分を避けるためである。一七日、美智子ら活動家は早朝から駒場駅前と大学正門に「説得ピケ」を張り「自主的授業一斉放棄」を呼びかけた。その結果、半数近くの二五〇〇人が授業に出ず、日比谷野外音楽堂の中央集会とその後のデモに参加したという。

こうして、駒場はストを回避したが、前々日の実験強行を受けて行動デーは盛り上がり、全国で一五校二五自治会のストライキを含め、六三都市、一六八校、三七六自治会、三五万人の学生が立ち上がった。戦後最大の大衆運動への学生動員である。悲惨な戦争が終わって一二年、原爆被害の深刻さもようやく知れわたり、二度と核爆弾を使わせてはならないという思いが学生を動かしたのである。

もっとも、この数字は全学連によるもので（「全学連五・一七闘争ニュース」『資料戦後学生運動』）、実際よりは多めに発表しているから三、四割差し引いたのが事実に近い。

五五年体制から二年目のこの年、岸信介内閣が誕生している。岸首相は、就任まもない四月、参議院内閣委員会が「攻撃的核兵器の保有は違憲」との統一見解を発表したのに対し、「自衛の範囲なら核兵器保有も合憲」と発言して物議をかもす。

六月には米大統領アイゼンハワーと会談後、「日米新時代」を強調し、安保条約を検討する日米安保委員会を創設。翌年の第二次岸内閣発足後の一〇月には、米NBC放送の記者との会見で「憲法九条廃止のとき」と発言している。

この五七年の日米共同宣言は、「アメリカ帝国主義との同盟政策を推進するものだ」として、全学連はアメリカ大使館に抗議デモをかけている。活動家動員のデモだったが、三人が逮捕されたことから、桜田門の警視庁脇の歩道に三日間座り込んで、学友を返せと抗議している。テントを張っての座り込みなので、「桜田門キャンプ」だそうだ。毎日ではないが、美智子もこの座り込みに参加している。

夏休みに入る直前の七月八日、今度は都学連（全学連の下部組織）から砂川基地反対闘争への動員がかかった。砂川闘争はこの年に始まったわけではない。前年、浪人中の美智子が、一〇〇〇円をカンパしたことは前章で触れた。

この年六月、七月の二回、政府は測量のための杭打ちを強行。八月には本測量が始まるとのことで、数日前から学生や労働者が農家などに泊り込んでおり、この日はさらに約四〇〇〇人が立川基地に集結した。全学連はこれを第三次砂川闘争と位置づけている。

常連の活動家がほとんどで、多くは前日からの泊り込みだが、美智子は当日の早朝に砂川に姿を現した。測量予定地に座り込んだ学生たちの目の前には広大な米軍基地が広がっている。デモ隊の頭上すれすれを巨大な米軍機が威嚇飛行する。思わず地に伏す人びとに向けてジェットエンジンが噴射され、轟音と爆風に襲われ、全学連旗は大きくしなって折れた。ここは現在、陸上自衛隊立川基地になっている。

ストイックなキャンパスライフ

授業、学生運動、サークル活動、それに五月から始まった家庭教師のアルバイト、と美智子の毎日はめまぐるしい。それでも松田恵子には、「授業の方もまじめにやってますから御安心のほどを。他の人が映画をみたりスケートに行ったり男友達とダベッている時間を活動の方に使っているのですから」（五月二九日付）と書き、時間がない、時間がないと、こぼしている。

彼女の学生生活は、きわめてストイックで、映画を観たりスケートに行ったりするのは、不真面目だという。駒場の学生のなかにも、学生運動にまったくコミットしない者はいる。理系はほとんどそうだし、文系でも無関心派のほうが数としてはずっと多い。

のちに『赤頭巾ちゃん気をつけて』で芥川賞を受賞する庄司薫《しょうじかおる》（本名、福田章二）は、その一人だったといっていい。文Ⅱで美智子の同期生。当時から作家志望で、学友会の機関誌『学苑』にさかんに短編小説を投稿している。活動家から見ると、軟派の代表のような存在だったらしい。

活発な行動を反映して、小遣帳の支出も、三月まではがらりと変わった。四月の支出を書き出してみる。

六日　バス、電車、都電、タクシー　一五七円
一二日　カンパ（原水協）　一〇〇円
一五日　万年筆ペン先　八〇円
一八日　女子学生コンパ　三〇円、新聞　一〇円
一三日　電車賃、バス（講演会）　五〇円
二〇日　クラスコンパ　一五〇円
　　神校コンパ　一三五円、電車賃、バス　七八円

二一日　ノート四冊、単語帳　一二〇円
二四日　ノート四冊、単語帳　一一四円、便箋　三〇円
三〇日『私は中国の地主だった』八〇円、『引力』六〇円、『ゴータ綱領批判』八〇円、
　　新聞と切手　三〇円、『中国共産党の三十年』四〇円

前月からの繰越五七四円＋一〇〇〇円の小遣の中から、カンパ、コンパ、それに歴研に入って、さあこれからという意気込みがみてとれる。

五月以降、出費のほとんどは本代である。本以外の大きな支出は、トランジスタラジオ一二〇〇円くらい。翌年三月まで、つまり一年生の終わりまでに購入した本の題名と値段は次の通り（美智子の記入そのまま）。

五月『昭和時代』（古本）八〇円、『現代中国史』一六〇円、『弁証法とはどういうものか』一〇〇円、「沖縄問題特集」（雑誌名不明）四〇円、『東大新聞』と『教養学部新聞』二五円、『現代アジア史　I』三〇〇円、『中国四大家族』九〇円、
六月『陰謀・暗殺・軍刀』一〇〇円、『日本資本主義発達史　第四巻』二八〇円
『歴史』三〇円、『中国新民主主義革命史』一三〇円、『資本論解説』二八〇円、
『世界政治資料集』五〇円、『実践論・矛盾論』五〇円
七月『三民主義　上』八〇円、『毛沢東選集（1）』一四〇円、『資本論　四』一二〇

円、『空想から科学へ』四〇円、『経済学批判』一五〇円、『罪と罰・ノートルダム』一二〇円
八月『レ・コミュニスト』一三五〇円、『チボー家の人々』一三〇〇円、『初級ドイツ語』三八〇円、『実存主義とはなにか』二〇〇円、『英会話テキスト』三〇円、『革命と反革命』八〇円、『革命の解剖』三四〇円
九月『家族・私有財産・国家の起源』八〇円
一〇月『イギリス労働運動史』二五〇円、『ソ党小史Ⅰ、Ⅱ』二六〇円、『宣言・原理』五〇円、『汚れた手』二二〇円、『世界を震撼させた十日間』二五〇円、『(ベーベル) 婦人論上』一三〇円
一一月『(M. E. L. S.) 婦人論』七〇円、『唯物論と革命』二五〇円、『農業綱領』一五〇円、『貧農は訴える』五〇円、『国富論(二)』八〇円、『綱領問題文献集』四九〇円
一二月『レーニン主義の基礎について』五〇円、『社会主義の経済的諸問題』六〇円、『反ファシズム統一戦線』八〇円、『レーニン選集 六』二五〇円、『一九一七年の革命上中下』三〇〇円、『レーニン選集 二、四』五〇〇円、『(トレーズ) 政治報告集』三〇〇円、『ドイツ党三五年史』五〇円、『イタリア党小史』八〇円、『ドイツ労働組合運動史』六〇円、『決議決定集』・『社会主義への道』七四〇円、『国家と革命』八〇円

一月　『資本論　一上』四〇〇円、『戦後労働運動史』一〇〇円、『毛沢東選集　三』
　一四〇円、『(ベーベル) 婦人論下』一〇〇円
二月　『資本論　一下』五〇〇円、『ドイツ・イデオロギー　I』六〇円、『マルクス・
　エンゲルス選集　一、二』一三〇〇円。

授業料や定期券代は家から出してもらい、小遣が一カ月一〇〇〇円、それに家庭教師のアルバイト代二〇〇〇円が入ってくるのは一年生の六月から。約三〇〇〇円の小遣で、時折臨時収入として「祖母より」一〇〇〇円の記述がある。

この収入の半分以上が本代で、旺盛な読書量に感心する。あとはカンパや活動のための電車・バス代、ノートや切手代で、一年を通じて紅茶、コーヒー代は各一回しかない。

現在のように地域の図書館は充実していなかった。大学の図書館からの借り出しもままならない。となると、自身で購入するほかなく、書籍代の捻出は、このころの学生にとって大きな問題だった。その点、美智子は読みたい本を買える恵まれた環境にあったと思うが、五八年二月二〇日付恵子宛手紙に、旅行もしたいけれど「『資本論』を買うのに二千円要りますし」とあって、欲しい本を買うためには、がまんしなければならないこともあったようだ。

中国革命関係の本がめだつのは、歴研中国革命史グループのテキストに用いたと思

われる。夏休みまでは小説類も読んでいるが、秋以降はマルクス・レーニン主義の基本文献がめだつ。運動への深入りとリンクしていることがわかる。

人生について、人間について

入学以来の無理がたたったのか、六月には季節はずれのインフルエンザにかかっている（恵子宛六月一六日付）。七月四日付手紙では、もう健康を回復しているようだが「いささかノイローゼ気味」、その原因は「今の生活——理論なんかの進展はあっても人間を高めるという点では何ら進展していかない生活——にあるのかもしれません。なにしろ、入学して以来、政治的問題が多過ぎて（私達でやりすぎるのではなくて、やらざるを得ない時代になって来たことがわるいんです……）サークルやクラスでは人生について、人間について話し合えるような時間がなかなかないんです。何だか私が片輪な人間になってしまいそうです」。

あとにも先にもこんな迷いを表した手紙はないが、なぜかほっとする。なにごとにもポジティブで、斜にかまえることなく、自信をもって前へ、前へと進んでいるかに見えた美智子にも迷うときがあったのだ。新入生が罹るといわれる五月病がちょっと遅れてきたのかもしれない。

大学で学ぶということは、知識を身につけるだけではない。人生について、人間について考えることだという美智子の考えは、おそらく正しい。「人間を高めるということ」に日々の目的をおき、一日も、一時間も無駄にしないという規範をみずからに課す生きかたはまぶしいほどだ。いささか近づきがたい印象はあるけれど。

七月一四日からは夏休み。サークルの合宿と自治会活動と十分な読書時間を確保できて、手紙はまたみずみずしさを回復する。

伊豆戸田《へだ》にある東大寮での歴研中国革命史グループの合宿は、一日に五時間から八時間、『毛沢東選集』をテキストにした研究会。合い間に和船を漕いだり、山に登ったり、健康的だ。

八月下旬からは、歴研のもう一つのグループ、史論グループの合宿で妙高高原池ノ平に行っている。休憩時間は野尻湖でまたボート漕ぎ。「研究会はとてももめて、昨夜などは二時近くにやっと床に就いたくらいです。が上級生の意見の交換を拝聴していることはおもしろいです。女子が一人なのでとても疲れますが夜は一人で八帖の部屋を占領出来るのでどうやら続けていられます。来てよかったと思います」(恵子宛葉書)。

最初の合宿から帰って二週間はまとめて家庭教師のアルバイトにあてている。自治会のガリ切りにも何日か通い、一一日から約二週間は読書。翌年の夏休みは活動に忙殺されるから、長編小説を読めたこの夏休みは至福のときだったようだ。

読んだのはルイ・アラゴンの『レ・コミュニスト』とマルタン・デュ・ガールの『チボー家の人々』。どちらも名だたる長編で、挑戦したものの挫折する人も少なくないが、読み通して「こんなに小説の読める日々はもう二度と来ないかもしれないなんて考えて、一生懸命かじりつきました」。この予想は不幸にして的中する。ひねもす本にかじりついていたために「今日なんか体が変な調子です」と書くような日々は、短い生涯に二度となかった。

五七年一〇月三〇日付『東京大学新聞』にこんな記事がある。

「(駒場で売れるのは)社会科学では戦争直後に幅をきかせていたマルクス主義関係のものが全くダメ。そして本郷ではほとんどみられない岩波現代叢書が大きな需要をもっている。文学書は東西の古典的なものに人気があり『チボー家の人々』『ジャン・クリストフ』をはじめ漱石全集、サルトル全集、古典文学大系などが隠れたベストテンともいうべき存在になっている。(略)雑誌では本郷・駒場を通じて『世界』がもっとも良く、これに次いで『中央公論』が売れる。あとは小さいが、特集の内容によって『思想』『文芸春秋』が出る。また会話の勉強のためか、駒場では映画の原文シナリオを掲載したものが売れ、逆に本郷では就職を反映して『経済白書』が多く読まれた」

現代から見れば、活字文化のエッセンスのような読書傾向だが、それでも以前の学生よりやわらかくなったと受けとめられている。これに照らすと、美智子の読書傾向は当時の標準レベルだったことになるが、こののちは小説から離れて専ら社会科学の文献に没頭していく。

一九八九年にベルリンの壁が崩れ、東欧諸国がなだれをうって崩壊し、ソビエト連邦がペレストロイカを経てロシアに変わるという歴史を体験したわたしたちは、社会主義に無邪気に信頼をよせることができなくなっている。もちろん中国は今も社会主義国だが、そこがユートピアだと信ずる人はいないだろう。

しかし、一九五〇年代後半に生きた、若くて、まっすぐな知性の持ち主の多くが、社会主義思想に骨がらみとらわれている。美智子も、恵子宛の手紙で繰りかえし社会主義を説いている。

「社会主義は決していわゆる政治、経済だけの理論ではなく、本当の意味での一つの思想」で、「いい換えれば、愛情の捉え方、或いは善とか悪とかの考え方、或いは人生の捉え方、そういうものが根底になっているのだと思います」と、社会主義思想を日常感覚でとらえることを言い、キリスト教や実存主義など、さまざまな思想があるなかで、「現代に生きる私達にとって恐らく一番役立ってくれるもの、しかも荒波にもまれて鍛えられていきている思想」（九月二三日付）だと。

また九月二八日付の手紙では、大和古寺に親しんだり、ピアノや習字を習うのもいいけれど、「信頼出来る（研究に価する）思想体系を勉強する必要がある」として、エドガー・スノー、レオ・ヒューバーマン、宮本百合子などの著書を読むよう勧めている。

本棚は社会科学の書目ばかり

東京都調布市の実兄樺茂宏宅の玄関先には、わたしが訪ねたとき美智子用の本棚が据えてあった。本棚は没後、父の俊雄が購入したものだという。許しを得て、並べてある本の題名を書きとった。先の購入本とだぶるものは省き、明らかに俊雄の蔵書と思われるもの──戦前に刊行された書籍やマイネッケなど社会学関係専門書、創価大学に勤務した関係であろう『池田大作』など二十数冊──を除いたリストは次の通り。

（一般書籍）

トロツキー『ロシア革命史』4、スターリン『レーニン主義の諸問題』、大塚久雄『共同体の基礎理論』・『近代欧州経済史序説』、黒田寛一『現代における平和と革命』、楫西光速他『日本における資本主義の発達』、今井登志喜『歴史学研究法』、安田元久『日本荘園史概説』、遠山茂樹『日本史研究入門』、永原慶二『日本封建社会論』、村田陽一・高橋勝之『社会主義への前進』、武市健人『ヘーゲルとマルクス』、上原専禄他『現代アジア史』、江口朴郎・秀村欣二『西洋史』、家永三郎『現代史学批判』、カルヴンスキー『ソヴィエト憲法』、C・ブリントン『革命の解剖』、『毛沢東選集』7、フェレンツ・フェイト『民族社会主義革命』、ルフェーヴル『フランス革命と民衆』、大内兵衛『資本論解説』、『日本民主主義革命論争史』、小松摂郎『西洋哲学史入門』、飯塚浩二『日本の軍隊』、宮内実『法律学入門』、歴史学研究会『日本社会の史的究明』、向坂逸郎『マルクス批判と反批判』、河野健二『資本主義への道』・「マターソンの労働貴族論的唯物論『史的唯物論』」、リャザノフ『マルクス・エンゲルス伝』、『新約聖書』、大石隆子『新しいペン字』、関鑑子編『青年歌集』第三篇

（文庫本）

宮本百合子『貧しき人々の群れ』・『道標』、芥川龍之介『河童』、ヘルダーリン『ヒュペーリオン』、ヒルティ『眠られぬ夜のために』、ドストエフスキー『貧しき人々』・『罪と罰』、イプセン『人形の家』、ジイド『狭き門』、モリエール『守銭奴』、アダム・スミス『国富論』、ウエルズ『世界小史』、レーニン『哲学ノート』・『社会民主党の農業綱領』・『第二インタナショナルの崩壊』・『一九一七年の革命』・『国家と革命』、オパーリン『生命の起源』、ベルンハイム他『歴史とは何ぞや』、スターリン『レーニン主義の基礎について』・『ソ同盟における社会主義の経済的諸問題』、ワルンケ『ドイツ労働組合運動小史』、毛沢東『実践論・矛盾論』、マルクス・エンゲルス『革命と反革命』・『共産党宣言』、小竹文夫編『東洋歴史辞典』、丸木位里・赤松俊子『原爆の図』、年表編纂委員会編『世界労働運動史・民族運動史年表』、ゲオルゲ・ディミトロフ『反ファシズム統一戦線』、マルクス『哲学の貧困』・『経済学批判』、エンゲルス『ドイツ農民戦争』・『イタリア共産党小史』・『ドイツ共産党三十五年』、プレハーノフ『歴史における個人の役割』、ローザ・ルクセンブルグ

『資本蓄積論』、ソ同盟共産党中央委員会所属特別委員会編『ソ同盟共産党（ボ）小史』、胡喬木『中国共産党の三十年』、胡華『中国新民主主義革命史』、『趙樹里作品集』、幸徳秋水『社会主義神髄』、市川正一『日本共産党闘争小史』、渡部義通・塩田庄兵衛『日本社会運動史年表』、小山弘健『日本資本主義論争史』、山崎正一『哲学入門』、林健太郎『明日への歴史　人間が歴史をつくる』、和歌森太郎『日本歴史辞典』、笠信太郎『ものの見方について』、津田秀夫『江戸時代の三大改革』、宮城栄昌『律令制度の社会と文化』

（新書）

レーニン『何を為すべきか』・『哲学ノート』、小松摂郎『弁証法入門』

一覧して美智子の蔵書として納得のいくものばかり。持っていたはずなのに、ないものもあるが、意外に少ないのは、専攻の日本史関係の本。これと若干の小説類をのぞくと、あとは社会科学の書目ばかりが並ぶ。

社会主義が元気だったこの時代、多くの学生が教養として社会主義関連の本を読んだ。しかし、美智子の場合は、「教養」の範囲をはるかにこえ、革命理論を構築するための読書と思われる。二二歳で亡くなるまでに、これだけの本を読んだことに圧倒されるが、同時に、一つの思想に固執して周囲が見えにくくなっていたのではないかとも思われる。信仰にも似たひたむきさの持つ危うさである。

学生運動と勉強を両立させながら、寸暇を惜しんで読書をしていた美智子の様子を、没後に友人が描写している（『東大教養学部新聞』一九六〇年六月二〇日付）。いつも睡眠不足だったようで、授業中によく居眠りをしていたこと、地下鉄の駅のベンチでデモ隊の出発を待ちながら、膝の上に『ドイツ・イデオロギー』を開いたまま眠っている「けなげな姿に胸を打たれた」ことを。

夏休み明けの九月一八日から二七日までが前期試験だが、美智子は一七日にも集会とデモに行っている。

『全学連通信』（五七年九月三〇日付）によると、この日の集会は、「原子戦争準備反対・原水爆実験禁止協定即時・無条件締結要求全日本学生総決起」の日。全国二八都市で行なわれ、東京では約一五〇〇人が四谷外濠公園に参集した。

「集会のあと、四谷から新宿の方へデモりました。途中大分ジグザグをやりましたが、警官の弾圧は回を重ねる毎にひどくなるようです。私の知っている人の半数以上が警官に蹴られました。警官のあの靴で蹴られると相当痛いものです。中には少し首をしめられた人もいます。結局三人の検束者が出たので、今度はその検束された人の留められている警察署の近くに坐り込みを始めました」（九月二二日付）

恵子が心配するのを慮《おもんぱか》ってか、自身が警官に蹴られたことは書いていないが、大前勲（『人しれず微笑まん』では大野薫）宛（九月二八日付）には、「雨の中をデモ行進して、ジグザグの時には、警官の堅い革靴で蹴られたりもしました。（私にとって靴で蹴られたのは生れて始めてのことだと思います）」と打ち明けている。

痛い思いまでしながら、なぜデモをするかを、恵子に噛んでふくめるように説明する。デモは、国連で核実験禁止協定が結ばれるように国連総会初日を選び、「日本代表が変な提案を出さないように」政府に働きかけるのが目的で、「国連における日本代表の態度をご覧なさい。一昨日からの新聞をよく読んでご覧なさい。（朝日には割とよく書いてあります）あれが、本当に核実験の禁止を願っている日本代表でしょうか。外国の新聞記者さえがあきれています。私達が集会、デモで要求したことは全く的を射当てています。だからこそ政府はあんな少数のデモ隊に対して大勢の警官を配置し、弾圧的な態度に出たのです」。

　実際、女子学生一人が警官の暴行で全治一〇日間の傷を負った。それにしても、後年、警官隊と激しくぶつかるなかで命を落とすことになる美智子が、学生に向かってくる警官隊の姿をこのように書きとめているのは示唆的である。

二七日に前期試験終了。このあとは、また一カ月近い休暇になる。

午後三時に試験が終わって、試験期間中、休んでいた家庭教師のアルバイトに行き、夜一一時頃帰宅し、午前一二時から三時まで歴史の本を読み、翌二八日午前中は研究会の打ち合わせ、午後はまた、「不当弾圧反対、原子戦争準備反対国民大会」に参加している。

労働者、学生が一万人集まった様子を記したあとに、岸内閣の政策を批判し、「岸が東条内閣の閣僚であったこと」、「岸政策は『国体明徴化運動』を連想させる」と書いている。このあと、恵子が上京して、樺家に二泊。まもなく学校が始まり、また「時間がない」状態が続く。朝八時ごろに家を出て、バイトと歴研の仕事と一一月一日の国際行動デーに同盟休校を成功させるための仕事で帰りは一一時過ぎになり、洗濯したり、お風呂にいく暇もないとこぼしているから（一〇月二六日付）、樺家には内風呂がなかったことがわかる。

このころ、美智子は重大な決心をしているが、恵子には打ち明けていない。

理論か実践か

美智子の同期生の手塚英男が、二〇〇九年に『酔十夢《よいじゆうむ》』という本を出版した。手塚は、駒場時代はセツルメントで活動し、教育学部を卒業後、郷里の長野県で公民館職員になった。学生運動や社会教育の現場での実践や、そこで出あった人びとを描いた小説集で、社会を変えるために、自分がどう変わればよいのかに向き合った記録でもある。本書でこれからしばしば引用させてもらう第二章「薔薇雨」の主な登場人物は、手塚自身をモデルにした「寺沼」と、樺美智子を投影した「彼女」である。

セツルメントは、歴研と並んで多くの学生運動家を輩出したサークルで、五七年入学の文Ⅱ生はとくに多く、女性活動家でセツルメントに参加していないのは、美智子を含めて三人くらいだったとのこと。駒場の学生が拠点にした世田谷区三軒茶屋の北町セツルメントには、世田谷連隊の兵舎だった巨大な木造建築をベニヤ板で仕切って六〇〇世帯が暮らしていた。住民の大多数は引き揚げ者。ニコヨンと呼ばれる日雇い労働者や夜の商売の人も多く、捨ておかれたままの子らに紙芝居を見せたり、勉強をみてあげるのがセツラーの活動。東大を中心に約一〇〇人の大学生が通い、家政科の学生は母親たちに安くて栄養価のある料理を教えたりもした。

友人たちから活動の様子を聞きながら、美智子はセツル運動に批判的だった。

作中の「彼女」は、セツルに没頭する「寺沼」のやさしさをほめながらも、「やさしさだけでは、革命はできないわ」と言い、子らと遊び、勉強をみることで、「何を解決しようとしているのか、自己満足に過ぎないのではないか」と迫る。それでも地域のなかで子どもが育つことにかかわっていきたいという「寺沼」に「彼女」はたたみかける。

「セツラーの皆さんは、地域をどうしようと思ってセットルしているの。K町という地域をどう分析するのか、K町の民衆の貧困をどう把握するのか、現代日本の資本主義機構のなかにK町の現実をどう位置づけるのか、日本の階級闘争のなかでK町の民衆はどんな役割を果たすのか、その問題をきちんと理論化しながら地域活動にとりくんでいるのかしら。そうした議論や確認を、セツラーたちはしているのかしら。そうでなければ、あなた方の活動は、自己満足的な経験主義、つまり経験を積み重ねれば何かが生まれるという非科学的な楽天主義だわ。理論のない実践は、不毛だわよ」

内部でも北町を組織労働者の居住地域にしようという地域転換論と、活動は革命の一環ではない、学生が地域にでかけて民衆と交わる機会を持つ、それこそがセツルメントの存在意義だとする両論に揺れていた。理論より実践に惹かれる「寺沼」は「彼女」に反論する。

「では理論というものは、どのように創り上げるのだろうか。実践を通じて変革すべき対象に働きかけながら理論は構築されるものじゃないかな。その理論はまた実践に返され、検証されるんだ。つまり、われわれセツラーが地元に通い、そこで活動してこそ、地域の現実、底辺の労働者のくらしや感情を摑むことができ、K町の地域変革の理論を創造できるんだよ。歴研の研究活動が、机上の理論、理論のための理論に終わらなければいいがね」

多弁ではなかったと誰もが言う美智子が、この小説の中では雄弁に持論を展開している。もちろん小説だから事実の通りではないが、これを読んだかつての活動家らが、「彼女」は樺さんのイメージそのものだと証言している。

美智子はこのころ、必死で理論武装しようとしており、やがて手塚とはセクトを異にするが、そこに至るまでの学生運動のとらえ方の違いが、よく描かれている。それにしても「彼女」のセツル批判は観念的で、「机上の理論」によりかかりすぎている。

二〇歳の誕生日に入党

一一月八日、美智子は満二〇歳になった。誕生日を期して、彼女は二つの大きな行動を起こす。一つは共産党入党である。

入党するより前、時期ははっきりしないが、反戦学生同盟（AG＝アージェー）に加盟している。AGは日本共産党中央に対抗して全学連党員グループが一九五〇年に結成した組織だが、このころは党員未満というか、党と全学連との中間的な立場にある活動家集団をさしている。党員はもぐっているが、AGの同盟員は表に姿を現して活動している。

AG同盟員のまま、入党していない人もいるが、美智子は決断した。この年の夏に入党した北原敦《あつし》は、「あのころは、なにがなんでも学生党員を増やすということで、片っ端から入れてましたからねえ」と言い、手塚英男も、「樺さんほど学生運動をいっしょうけんめいやっているのに、どうして入党しないのか、みな不思議がっていました。かなり慎重だったという印象があります」と訝《いぶか》るように、考え抜いた末の決断だったと思われる。

当時、社会のことを真面目に考える学生の多くが左翼に傾いたというが、共産党に入党するとなると、生半可な決意ではできなかったはず。わたしが取材した人のなかには、共産党員になるなんて畏《おそ》れおおいという気がした、という人もいた。

日本共産党の位置づけは時代により異なるが、戦前の日本では非合法状態におかれ、一貫して政府による弾圧の対象だった。綱領に私有財産の否定を掲げたことから、資本主義の敵と見なされた。だから、入党するということは、ときには命を失う覚悟も必要だった。しかし、アジア・太平洋戦争期を通じて弱者救済と戦争反対を掲げ続けたことにより、戦後は一転、民主勢力として国会に議席を占め、多くの人が入党した。ネコモシャクシモ共産党……と言われた時期があった。

アメリカ占領軍も当初は共産党を容認したが、東西冷戦状態が深まった四八年、占領政策を転換。ソ連や中華人民共和国などの共産主義勢力に通じる勢力と位置づけ、レッドパージを行なった。政治家や職場の「レッド」は次つぎとクビを切られ、路頭に放り出された。地下にもぐった党員は山村工作隊や火炎瓶闘争を繰り広げる。党内も二派に分裂して混迷を深め、大学からも多くの若者が山村工作隊に駆り出され、あたら青春を浪費した。その後は「歌と踊り」の共産党に変身するが武闘時代の傷は深く、六〇年発表の倉橋由美子の『パルタイ』は、渦中にあった青年の悲劇が主題になっている。パルタイは共産党の意である。

武装闘争が批判され、議会主義を標榜して平和路線に転換したのは、五五年の第六回全国協議会（六全協）。同年東大入学、五六年の砂川闘争をきっかけに入党したという高村直助は、歴研でも国史学科でも美智子の二年先輩で、東大教授を経て現在は横浜市ふるさと財団理事長を務めている。わたしの質問にこんな回答をくれた。

「共産党といえば、『鉄の規律』が想定されるでしょうが、武装闘争で破綻した党中央の権威は当時はまだ回復しておらず、我々周辺では『民主集中制』への反発が強く、当時の細胞の実情はいわばボランティア組織に近いといったほうが当たっていると思います。まだ『ゲバ』も登場しておらず、後のセクトともずい分違っていたと思います」というが、スパイ問題など暗いイメージがつきまとった。

美智子は、高校時代の友人大前勲宛一九五七年一二月二九日付で、入党を報せている。

「先ず第一に誇りと謙虚とをもってお知らせすることがあります。／十一月八日、私の二十歳の誕生日は私の入党記念日（党員候補）になりました」

五八年二月一日付の手紙でも、浪人中の大前を励ましつつ、自身の決意を披瀝している。「将来、人民のために尽す立派な人間となるために、人民の中から選ばれて大学へはいるのだということを常に念頭におき（私は去年にはこのことがまだはっきり理解出来ていなかったように思います。今は本当に人民の中から選ばれて大学に送られてきたのだと思って頑張っています）、未知の何万何十万という虐げられた人々が、あなたの入学を、将来の活躍を期待しているのだということを自覚し、十分に力を発揮して下さい」。

大学進学率が低いこのころ、大学生は将来の指導層として期待され、よくも悪くもエリート意識があった。だから「人民の中から選ばれた者」という自負と使命感は、運動に悩み、疑問を持つときにつねに美智子を鼓舞している。

手塚が言うように、美智子には早くに勧誘があったはず。それを二〇歳の誕生日を期して、というところに、二〇歳はもう大人、だから自分の判断で決めていい。もしかしたら両親に迷惑をかけることになるかもしれないが、自分で選んだ道だからという気持があったのではないだろうか。反権力の立場を鮮明にする怖れ、日本の革命運動の前衛党としての長い、しかし苦難の歴史を持つ党の一員になるという畏れ、二つの「おそれ」があって、大前に対して「誇りと謙虚とをもって」報告するという態度に出たのであろう。

恵子には入党を秘しているが、一月一四日付の手紙に、考えぬいたすえの決断であることを滲ませている。

恵子は、進学せずに見合結婚をし、平凡な家庭で幸福に暮らすという選択に傾いている。これに対して美智子は書く。

「とにかく自分の道というものを出来るだけはっきりさせ将来例え道を変えるにしても、それが現在の決定があやふやなために変えなければならなくなるのではなく、現在からその時までに積み重ねていた体験から変えるのであるような、そういう生き方であるべきだと思います。二十歳のときには二十歳なりの決定しか、二十五歳のときには二十五歳なりの決定しか出来ない、又、二十歳のときの二十歳なりの決定が必要ですし、又そのときにのみ、最も大きな意義をもつはずです。そして二十歳なりの決定をして、自分の生活を生き抜いていくのでなければ、二十一歳、二十五歳……五十歳のときによりよい決定がつくり出せないのではないでしょうか」

恵子の生き方へのアドバイスの形をとりながら、とりもなおさず美智子自身の決意を述べたものと読める。

当時共産党に入党するには、推薦者が二人必要だった。美智子を推薦したのは誰なのか、取材した方がたに尋ねたところ、駒場や本郷の上級生幾人かの名前が出たが、確かではない。多くの人が名を挙げたのが、青木昌彦《まさひこ》である。

青木は、美智子と同学年だが、ストレートで入っているから、大学では一学年上になる。入学後すぐに自治委員となり、一八歳で共産党に入党した。

美智子が入学した五七年には自治会書記長として、理論家として駒場に君臨していた。多くの学生が彼の理論に眩惑された。眩惑されたという言い方が適切でなければ、憧れた。あまりにもなめらかなアジテーション、都会的な挙措振る舞いに警戒感を持つ者もいたが、当時の学生運動家のなかで、一年の活動歴の差は大きく、青木の影響力は絶大だった。リクルートもうまく、断っても言葉巧みに勧誘され、入党したと林紘義は言う。

青木自身、ブントに後輩たちをリクルートしたことを『私の履歴書　人生越境ゲーム』で認めているが、ブント以前の共産党への勧誘も書くべきであろう。美智子については、共産党もブントも青木がリクルートしたと思うが、現在の青木は美智子については口を閉ざす。わたしの問いかけに対し、「今しばらく意識の底に沈めておきたい」とメールで返信してきた。

入党したことにより、与えられる仕事も増え、美智子はますます多忙な日々を送る。五七年一一月三〇日付の恵子宛手紙には、「私も自分のクラスのことばかりでなく、いろいろな用事もするようになりましたし（自治会ではありません）十二月六日にはストライキをすることになっているので、毎日何かの会議があります。月曜日には原稿書きのため、完全な徹夜をしました」と報告している。

「いろいろな用事」とは、党員としての任務をさしているとみられる。共産党の駒場細胞の会議に出たり、自治会に働きかけたり、機関紙を配ったりする。

日本共産党の組織はピラミッド型。ピラミッドの頂点に書記局があり、その下に都道府県委員会、さらにその下に地区委員会、労働組合や大学の細胞（フラクション＝略してフラク）がぶらさがっている。東大の場合、駒場は目黒区地区委員会の、本郷は文京区地区委員会の下部組織として位置づけられている。駒場や本郷にはL・C（リーディング・コミッティ）班があって、その下にS・Kと呼ばれる細胞会議があり、党員はすべてS・Kに所属する。ブントも同じ名称を用いている。おかしいのは、L・Cが英語の頭文字をとっているのはわかるが、S・Kは「細胞会議」の略だそうだ。

全学連も、共産党を批判して学生らが結成する共産主義者同盟（ブント）も、相似形のピラミッド型で、中央集中の上意下達の組織である。左翼組織にバージョンはないに等しい。高村は、上からの命令だからやるのではなく、もっと自主的だったというが、美智子にしても、半年遅れて入党し、いっしょにブントに移行する林紘義にしても、「上」が決めたことには、忠実に従っている。

駒場の党員は一〇〇人弱で、細胞会議は近くのそば屋で開かれることが多く、常時の出席者は三〇人程度。キャップは青木。本郷の細胞には三〇〇人ほど党員がいたそうだ。休眠メンバーが多かったというが、文学部だけで三桁である。

パーマネントをかける

入党は秘しながら、恵子にいそいそと報告しているのが、二〇歳の誕生日を期してパーマネントをかけたことである。それまでは長めの髪をうしろでまとめて括ったスタイルだったが。「八日にやっと二十才になったわけですが、それより少し前、三日の日曜日に美容院へ行ってパーマをかけました。パーマをかけたことが誰にもはっきり分る程度に！　月曜日なんかは学校でじろじろ見られていやでしたがもう平気です。でもパーマ代は私にとってやはり高すぎると思いますから目下考慮中」。

美智子を語る多くの人びとの印象は、地味で質素。派手だとか華やかという言葉は皆無である。総じて当時の女子大生は地味作りだったが、そのなかでも美智子はおしゃれとは無縁と思われていた。その人がパーマネントウェーブをかけている。どうした心境の変化だろうか。

服装やお化粧で、少女から大人の女への脱皮をはかるのが、このころではパーマネントをかけるという行為だった。高校を出て勤めに出た人は大人に混じって働くわけだから、比較的早くパーマをかけるが、学生はワンテンポ遅れる。「じろじろ見られる」のをむしろ誇示するような書き方をしているのは、わたしはもう子どもではない、という宣言なのか。「大人」として入党を選択し、パーマネントをかけたのだろう。自立宣言である。

「人生は遊びごとではないという気持が二十才になったせいでしょうが近頃はとても強いのです。思想の問題にしろ、勉強のことにしろ、読書のことにしろ、行動のことにしろ、どれもこれも遊びごとではなくて真剣な問題です」。昂揚した気分が伝わってくる文面である。

それにしても五〇〇円の支出は大きい。一カ月の小遣が二〇〇〇～三〇〇〇円のなかでの出費だから「高すぎる」のは実感だろう。これまでは小遣帳に時折「床屋　一〇〇円」と書いていたのだから。「目下考慮中」というのは、三カ月程度でかけなおさなければならないパーマを今後もかけ続けるかどうか迷っているということだろうが、小遣帳が残っている翌年三月までの間にもう一度、「パーマ　五〇〇円」の記述がある。

五七年の暮れがせまった一二月中旬、樺家はまた引越しをしている。西荻窪駅南側の大宮前から北側へ。駅から一〇分弱の距離。あいかわらずの間借りだが、日当たりがよくて庭が広く、家賃が安いという理由だそうだ。居住スペースにやっとゆとりができて、低い机に脚を継ぎ足して勉強机らしくなったと、新しい家の様子を説明しながら、「まあどうだっていいのです。それほどひどくない限りは。私の生活の本拠は家にはないのですから。母に気に入った家なら、それで結構です」（一二月一一日付）と恵子に報告している。

三章 風に向かって

遺族が残す本棚には多数の
社会科学系の本があった

恒久平和を願って

一九五八年正月、美智子から松田恵子にあてた年賀状は、

「賀正、恒久平和への年でありますように！
一九五八　　　　　　　　　　　　　　　　M・K」

恒久平和という言葉を素直に使っている。左右を問わず政党や運動のスローガンとして、果ては戦争を始める大義名分にまで「平和」が使われて、今はストレートに使いにくくなったけれど。

このころ美智子の日常は、以前にもまして多忙になったようだ。恵子宛の手紙にもそれは現れており、一月に友の将来への真情溢れるアドバイスがいっぱい詰まった長文の手紙を書いたのを最後に、発信の間隔は一カ月に一度、どうかすると二カ月に一度になっていく。

いつも、「ずい分御無沙汰してしまいました」といった文面で始まり、以前のように熱心に社会主義関係の本を勧めたり、生き方を自分自身に確かめるように開陳することもなく、ほとんど要件だけの文面に変わっている。日記代わりの手紙だったはずだが、書く余裕がなくなったのだろう。三月一〇日付の手紙では、春休みが五〇日も

あるといって喜び、一カ月後には、神戸に行く予定を守れなかったことを詫び、「やはり東京にいればいろいろと仕事」があると書く。

入党からすでに四カ月が経過しているが、恵子にそれを明かした形跡はない。以前のようにデモに行ったり、自治会役員としての活動なら報告できるが、今や彼女の生活の中心を占めている党活動について具体的に話すわけにいかない。となると、おのずと手紙の回数も減ったのだろう。

忙しくて小遣帳の細かい記載が面倒になったのか、電車賃六〇円などといった記入は五八年四月三〇日で終わり、五月、六月としては購入した本のタイトルだけが記され、以後はそれもなくなる。

五八年の初めころには、二年生党員はそれぞれ本郷の専門学部の組織に転籍する準備を始め、役員が一年生に引き継がれる。美智子、手塚、北原らは班キャップになると同時にL・C候補になった。

春休み、新しいL・Cのメンバーや班キャップが理論合宿をすることになった。招集したのはL・Cキャップの青木昌彦で、場所は鎌倉海岸にある青木家の別荘。女は美智子一人。

進学組の青木が後輩への置き土産として彼の革命理論を伝えるのが目的。新セクト結成を視野に「党内論争」に駒場細胞をまるごと引きこみ、来るべき党との訣別の道連れにしようというのである。

合宿は青木の独擅場だった。一日目、なぜ社会主義革命をめざすのか、社会主義とはプロレタリアートにとってどういう社会なのか、プロレタリア階級闘争と共産党のヘゲモニーの問題など持論をとうとうと述べた。夕食後は、青木理論と党の考えの違いなどが議題になったが、彼の熱弁にあおられ、正面きって反対する者はいなかったという。

果てしない議論の場は高揚した。手塚は『酔十夢』に、「一種の革命的楽観主義が、場を支配していた」とその雰囲気を描写している。

最後に問題点を整理して、参加者に研究テーマが振りわけられた。美智子のテーマは、日本革命論争史の検証だった。研究成果の発表があったのかどうか不明だが、几帳面な美智子のことだから、『日本資本主義発達史講座』などをテキストに勉強したことだろう。その結果、やがて姿を現す新セクト「共産主義者同盟」(ブント)に積極的にかかわっていく理論的根拠を得たと思われる。

また、のちに国史学科での研究テーマを近世末期から明治維新期に定める契機が、この合宿にあったのかもしれない。

婦人問題の根本的解明を

高校時代、熱心に女性問題に取り組み、「婦人解放運動家になろうかしら」と母に言ったという美智子だが、大学入学後は、とくに関心を示した形跡がない。

唯一、女性問題に言及した文章は、『東大教養学部新聞』（一九五八年四月二一日付）の「論壇」に掲載されている。「婦人問題の根本的解明を」と題する二〇〇〇字余の論文。副題に「平等を実現出来る社会をめざして」とある（『人しれず微笑まん』に収録）。彼女の文章は、いつも理性的、かつ論理的で破綻がない。この論文もマルクス主義女性解放論に依拠して明快だ。

まず、駒場の学生実態調査に触れて、男子より女子のほうがサークルや学生運動などへの参加率が高いのは、「女子が入学前に男子のとは異る形の抵抗をも克服しなければならないのが普通であることと、その反面、入学の目的のうちに投資的要素が少ない」からだとする。

次に、女子学生も相当数が自分の仕事を一生続けようとしているが、最近女子の就職締め出しが強い。それに対処する態度は、「自分個人の問題に終始してしまい、女子学生全般の、更に女性全体の就職難、低賃金の問題として原因を深く掘り下げる努力は少ない。これでよいのだろうか」と疑問を投げかける。

そして、女性の就職難や低賃金の根本原因は、よく言われるような「雇用者の頭の封建性」によるのではなく、「現代の機構そのもの」にある。企業家のあくことなき利潤追求が女性が十分に働くことを阻んでいる。つまり企業家の利益という観点からのみ測られるから、出産の役割をもつ女性は不利になる。だから、平等な教育を行ない、託児所や公共食堂などを備えて女性を家庭の雑用から解放し、産休も十分にとれるような社会にならなければ真の平等はありえない、と結論づけている。

しかし、平等な教育や家事の社会化によって、真の男女平等が達成されるかといえば、そう簡単ではないことを現代のわたしたちは知っている。同一労働同一賃金が目標であることに変わりはないが、性別役割分担意識の解消が女性問題の論点としてクローズアップされるのは一九七〇年代。だから今の価値観で彼女を批判できないが、公式主義にとらわれている感は否めない。

五月末の四日間は全学連第一一回全国大会で、杉並公会堂に全国の代表一〇〇〇人が参集。美智子、林紘義、それに同級生の活動家である田中和子、谷本桃子、甘田孝子ら女子学生もおおぜい参加した。

最終日には映画「戦艦ポチョムキン」をみなで観た。一九二五年に公開されたセルゲイ・エイゼンシュテイン監督による「第一次ロシア革命二〇周年記念」映画である。革命前夜の一九〇五年、戦艦ポチョムキンの船内で、うじの湧いた肉を食べるよう命令した士官に対して兵士らが起こしたという反乱をもとに製作された。サイレントだが、映画の製作手法としてもきわめて先駆的で、モンタージュ手法を確立した映画としても知られる。

とくに、「オデッサの階段」シーンは有名。反乱に成功した兵士たちを乗せた戦艦ポチョムキン号がオデッサ港に入港し、それを祝う人々で港がごった返している場面。突如、政府軍の銃撃が始まり、群衆が血に染まって倒れる。撃たれた母親の手を放れた乳母車が階段を落ちていくシーンには息を呑む。

映画のなかでリフレインされる「一人はみんなのために、みんなは一人のために」というモチーフは、社会主義革命の理念を高らかに謳いあげている。共産主義運動のプロパガンダだとして戦前は公開禁止で、美智子らが観た五八年にはまだ一般公開されていない。劇場一般公開は六七年になってから。労働運動や学生運動に関係する者には必見の映画だった。

映画を観たあと、美智子が次のように言ったと林は書いている。「革命なんてみんな誤解しているのよ。たとえば十一月七日にいく人死んだと聞くと、みんな数え切れないほどだっていうけど、ほとんど死んではいないのよ。その後、反革命軍との戦いでは死ぬけれど……」(『哀惜の樺美智子』)。革命を恐れることはないと、言いたかったのだろうか。

このころ、クラスの自治委員の選挙があり、美智子は立候補したが落選した。そのため常任委員にもなれず、学内で指導力が発揮できないため、学外での勤務評定反対闘争に力を注ぐことになる。

勤評反対運動に参加

六月、第二次岸信介内閣は教師の勤務評定を実施した。各地の教職員組合が反対運動を展開し、処分者が出たことでいっそう運動が盛り上がった。全学連も闘争の拠点になっている和歌山県に入れ代わり立ち代わり活動家を派遣した。

駒場生も学習会を重ねたすえに実際活動に乗り出した。学部のある目黒区の地区共闘会議に参加することになったのである。S・K（細胞会議）で派遣するオルグを募ったところ、美智子が志願した。

勤評反対目黒区地区共闘会議は、日教組の闘争を地域から支え、応援するという趣旨で組織され、区内の労働組合と学生自治会が結集した。労組側の代表と、区内にある東京都立大学（現、首都大学）、東京工業大学、東大駒場の活動家で事務局を構成。東大からは美智子、田中和子、林紘義、一年下の西部邁《にしべすすむ》らが参加した。

なかでも美智子が献身的に働いたことは、一二月八日付長尾久《ながおひさし》（『人しれず微笑まん』では長野久）宛の手紙で明らか。長尾は、五月の「エニウェトク水爆実験阻止・勤務評定粉砕全日本学生総決起デー」の際のストライキ責任者として停学処分になり郷里の岡山に帰っている。ともに闘いながら、処分を受けた長尾への申し訳なさが溢れた手紙である。

七月に目黒区不当弾圧反対共闘会議が発足したこと、目黒には大きな労組もなく、闘争らしい闘争の経験は少ないが、形や目標の上ではかなり姿勢のよい統一戦線だと書いたあとに続けている。「私は八月になってからはじめたのですが、種々の事情から、事務局員も全部で三、四人となり、そのうえ事務局長である労協の人も出張が多くて、いささか孤軍奮戦の形で、朝は八時に家を出、帰宅は十二時から一時ぐらいという日課が曜日にかかわりなく続きました。それに相手は政党や労組ですからいろいろ新しいことばかり、しかも各々にむずかしい事情をもっているので、精神的に一苦労です。神経的にまいったのか、眠れないまま五時間を過ごす日もありましたが、案外苦痛でもありませんでした。区内の各地域で集会を開いたり、ビラや資料をつくったり機関紙を発行したり、労組の人々と一緒に教組の分会に激励に行ったり、公会堂で区民大会を開いたり、そして会議・会議、その報告作製・発送、電話を日に何回となくかけ、労組まわりをし、区内の活動家の会議に出席し、日教組の執行委員と話し合い、区教委との団体交渉……自分でもあきれるくらいよく続きました。十月頃からはそれほどでもありませんが、事務局員がとうとう二人きりになってしまって……」

責任感の強い美智子が、ほとんど一人で共闘会議事務局を背負って奮闘していることがわかる。体重が八〇〇匁（約三kg）も減ったという。活動費はすべて自弁。本を買うつもりの五〇〇〇円が右から左へ消えた。

目黒での活動を知りたくて組合関係者に尋ねたが、当時を知る人には会えなかった。故人の日教組幹部の妻から間接に、美智子が「竹田」というペンネームを用いていたという話を聞いた。このころ学生党員でペンネームで執筆する者は少なくなかった。

夏休みが終わる前、在京学生党員による勤評闘争の総括が行なわれた。各地に派遣された活動家たちの現地報告のあと、美智子が目黒での体験を報告し、出席者から大きな拍手を受けた。

手塚英男の小説『酔十夢』が、会が果てての帰り道、「彼女」と主人公「寺沼」の会話を、ビビッドに描写している。「彼女」は歩きながら言う。

「私って、労働組合の書記に、とっても才能があるみたい」

「それは、いい発見をしたじゃないか」

「本気に、専従書記の道を考えようかしら」

その気になったのは、もう一つ理由があると「彼女」は続ける。

「区労協の幹部や社共の代表は、全学連のオルグだというと、うさんくさい目でみるの。なんとなく敬遠していたみたい。でも、一般の組合員は、私を歓迎し、実に敏感に私たちのオルグを受け止めてくれたわ。末端の組織労働者には、闘うエネルギーがみなぎっていることを実感できたわ。これが一番の発見よ。ああ、彼等を起ち上がらせ、戦列につかせる正しい革命理論があればなあ。だから私、もう少しオルグを続けて、そこのところを確かめてみたいのよ」

と、初めて現場労働者と触れ合った感動を語る。一方、「寺沼」はセツラーとして、K町の父母集会のてんまつを話した。彼は軸足を地域から離さない。

「彼女」はそれに不満を述べ、勤評反対闘争を全国に広げるには、地域の組織労働者を共闘会議に組織することだと主張する。

「寺沼」は、勤評を労働問題として把えると、闘う労働組合との共闘が必要だが、教育問題として把えるなら、広範な地域の父母が起ち上がらなければ、勤評を葬り去ることはできない。「おれは、未組織労働者であるK町の父母の生活体験に耳を傾けて、地域活動の大切さを発見したよ」と胸を張る。「彼女」は言う。「地域が変われば日本が変わるなんていうのは、幻想よ。地域は、労働者の闘いがあってこそ、その余波を受けて遅れて起ち上がるのだわ。この原則を無視して、区の共闘会議の組織化をネグレクトし、K町の組織活動に埋没していたあなたは、やはり日和見主義の批判をまぬがれないわよ」「そうかなあ。おれが日和見主義者なら、君は機械的原則主義者だよ」と寺沼は返す。地域より労働組合を重視する美智子の姿勢はのちのちまで続く。大学卒業後は教師になって労働運動をするつもりだった、と証言する人もあるくらいだ。

前記の引用は手塚の創作である。しかし、共産党の支配下にあった東大細胞が分裂して主要部分が新党結成へと走るなか、残留組とのあいだで闘わされたであろう、革命や学生運動に対する考え、方法論の違いが、「彼女」と「寺沼」の議論を借りてわかりやすく表現されている。

三年生で同じ国史学科に進学し、学友会の役員をともに担う道広容倫《みちひろよしみち》は、『友へ樺美智子の手紙』に寄せた思い出にこんなことを書いている。

一年生のころの美智子は、道広には「令嬢」に見えた。同じようなタイプの女子学生といっしょに真面目に講義を聴いていて、のちに大学教授の娘だと知ってナルホドと思ったという。だが、二年生になってからの美智子からは「令嬢」風の華やかさや色あいがなくなった。

「樺さんは自分から積極的に発言する、といったタイプではなく、その発言態度は、『ここで自分は絶対に発言しなければならぬ』と思ったときにしか発言しない、逆に、そういうときには必ず発言する、といったものだった。（略）その発言内容は、概して、煽動的なものではなく、（略）無理やりに押し出すように論理をネッチリネッチリ追って闘争の意義を述べ、他に対してというよりもまず自分自身に対していいきかせ、最後に自己の決意を表明する、といったものだった」

一九五八年夏の、痩せるほどの過酷な活動のなかで、何か手ごたえを感じたのだろう。秋にキャンパスで会った美智子が以前よりは強固な感じになっていたと北原敦も証言する。「樺さんは、一貫して勉強熱心でしたね。それに加え、目黒区共闘会議に行っていろいろな職種の労働者と接触しながら、二、三カ月活動したわけですから、自分自身に対する力強さとして本人が感じとったんじゃないでしょうか。そういう意味で思想堅固になったというか、活動スタイルも力強くなったんじゃないですかね」。

直感や情緒に支配されず、知識や経験を一つ一つ積みあげてゆく。それゆえに堅固な、それゆえにまたがんこな、美智子の一面が躍如としている。

秋になると、勤評闘争に加えて警職法反対闘争が加わった。一〇月八日、岸内閣は警察官職務執行法改正案を国会に提出した。略して警職法。警官の権限が大幅に認められるという改正案は、勤評闘争や各地の労働争議などのチェックとともに、安保改定阻止運動を押さえこもうという意図から出たものだった。

これに対して社会党がまず反対するとともにマスコミの反応が大きかった。「オイコラ警察の復活」「デートもできない警職法」といったスローガンが街に溢れ、反対運動が盛りあがった。社会党の呼びかけで労働、文化、女性など六五団体が集まって「警職法改悪反対国民会議」が結成された。

一〇月二八日、国民会議主催で開かれた中央集会には、雨にもかかわらず一〇万人が結集した。これに先だち、全学連が四谷外濠公園で開いた「警職法粉砕全国学生総決起中央集会」には全都の大学から二万人が集まり、労働者との合同集会ののち新宿駅までデモ行進をした。

法案を通そうとする岸内閣に対して、一一月五日には国民会議の統一行動に六〇〇万人の総評組合員が抗議ストなど実力行使。それでも政府・自民党は、一一月四日、あくまでも警職法改正案の成立をめざして、衆院本会議で「会期延長三〇日」を抜き打ちで強行採決。これでますます反対運動が過熱し、政府は社会党委員長と会談し、警職法を審議未了とした。

しかし、同じ国会で安保条約改定の議論が始まっていることは、注目されていない。一一月二七日、皇太子と正田美智子の婚約が発表される。メディアはいっせいに「御成婚」を追い始めた。

ブントに加盟する

一二月一〇日、学連新党としてブント（共産主義者同盟）の創立大会が文京区黒門町の医歯薬ビルで行なわれた。一年前から準備してきた共産党傘下の学生分派がいよいよ前衛党として姿を現したのである。

参加したのは約四五人。全学連・都学連書記局細胞、社学同（反戦学生同盟の後身）中央書記局細胞、東大、北大、立命館大、九大、奈良女子大の各大学細胞など（蔵田計成『60年安保ブンド結成50周年記念集会』）。美智子は参加していない。

戦前戦後を通じ、日本の学生運動は、日本共産党の指導のもとで発展してきたが、ここで初めて共産党の指導を離れた元学生と現役学生による「革命的左翼」が誕生した。つまり「旧左翼」に対する「新左翼」の時代に入ったことになる。

新しい組織を立ちあげたのは、一九五〇年に東大入学と同時に共産党に入り活動してきた島成郎《しましげお》を中心とした東大細胞のグループ。生田浩二、佐伯秀光（筆名、山口一理）、冨岡倍雄《とみおかますお》らの古参学生党員に若い青木昌彦が加わった。党を名乗るにはまだ熟してないところから、共産主義者同盟とし、略称をドイツ語で同盟を意味するブント（ブンドともいう）とした。

そのめざす方向は、スターリン主義を否定してレーニン主義を復権することだった。すなわち、一国社会主義革命ではなく世界革命、平和共存ではなくプロレタリア独裁、議会主義平和革命ではなく暴力革命、講座派の二段階革命（民族民主革命）ではなく労農派の一段革命（社会主義革命）を綱領にうたっている。

東大細胞が革命化すれば全学連書記局細胞が革命化し、次いで全学連全体が革命化するといわれており、実際そうなり、六〇年安保闘争を引っ張っていくことになる。

ブントの書記長になった島は、いよいよ前衛党結成の準備をととのえたとき、最高指導者になることに一瞬のためらいがあったことを告白している。「『革命の前衛党を名乗って闘いを始める以上、そのなかで死ぬ者もでるかもしれない。そんな重みを考えると私が果して任に堪えきれるかどうか……少し考えさせてくれ』といった時、皆押し黙ってしまった。この期に及んで……といわれるのを覚悟で正直な本音を洩らしたのだが……」（『ブント私史』）。一日の猶予をもらい、結局引き受けることになり、一二月一〇日を迎えたのだった。「死ぬ者もでるかもしれない」と言ったとき、島はまだ樺美智子と出会っていない。

共産党駒場細胞がブントに移行するのは五九年二月一日。林紘義は、駒場の細胞会議なのに、本郷の正門近くの旅館で行なわれたとしている。参加したのは十数人で、林はブント移行を説く青木昌彦に積極的に賛成した。美智子は会議には顔を出さなかったが、出席者が会議を終えて出てくると、部屋の外で待っていて、青木と話をしてそのままブント参加を決意したという（『哀惜の樺美智子』）。わたしは美智子が会議に参加しなかったのは、すでにブント加盟を了承ずみだったからではないかと思う。

同級生の活動家たちの去就は微妙に異なる。ブント加盟がはっきりしているのは、美智子、林、道広容倫、榎本暢子《えのもとのぶこ》（のち長崎）くらいで、グラムシに傾倒していた北原敦は、ブントの政治闘争には参加するが同盟員ではない。長尾久は四月に復学してから駒場で入る。まもなく美智子たちは本郷に進学するが、文学部のブントはせいぜい十数人。女は美智子と榎本のみである。

それにしても、共産党に入党して一年数カ月しか経っていない。入党にはかなり慎重であったとみられるのに、離党に迷いはなかったのだろうか。その答は彼女が書き残したものからうかがうことはできない。

ブント書記局長の島成郎は、年明けから精力的に活動を始めたが、最初は事務所もないところからの出発である。書記局員は他にもいるが、当面、常任として動けるのは彼一人。

島は、前年、高橋博子と結婚している。博子は女子美術短期大学時代に入党して大学に拠点をつくり、卒業してこのころは母校の生協に勤めている。東大を停学中で、職業を持っていない島は生活を妻に頼りつつ、二人の住まいをブントの事務所にあてた。いきおい雑務は博子が担当することになった。

博子が語る。「ブントをつくったときというのは、だぁれもいなくなっちゃって……みんな怖くなって。押しつぶそうとする力がすごく強いわけよね、組織のなかで。それまでいろいろ無理をしているからなんだけど。二人だけになったっていう感じで、わたしだって必死になるしかなかったわけよ。前衛党をつくるってことの怖さ、もうあって思う。もう、背水の陣、出発は」。

ほんと、身震いするような怖さ。だから、あのときビビッたらそれで終わりだったな

島夫妻が四苦八苦のやりくりをしているとき、ようやく援軍が現れた。第一号は香《こう》村正雄《むらまさお》で、実務に秀でており、機関誌紙発行や資金調達、事務所の整備といった裏方の仕事、つまり事務局長を引き受け、ブント崩壊までまっとうすることになる。このころは東大経済学部在学中で、卒業後は公認会計士である。

彼は一月末には、文京区元町に事務所を用意し、「世界労働運動研究所」という看板を掲げた。水道橋駅から能楽堂わきの坂を登って桜蔭学園のすぐ近くで、アパート一階の入口にある三坪ほどの床板張りの部屋。電話は管理人との共用。これから一年間、ここがブントの前線基地になった。

次いで、東大農学部を卒業して職員組合の書記をしていた古賀《こが》康正《やすまさ》が、職を捨ててブント書記局の常任になった。職業革命家というわけだが、どうやって食べたのだろうか。その次に来たのが美智子。

古賀は安保闘争終焉《しゅうえん》後、農学者として海外技術協力事業に入って国際協力事業に従事し、世界各地を歩いた。自由人になった八九年、『遊びをせんとや生まれけむ』を書いている。時と空間を超えて自在に行き来するエッセイ風自伝で、出会った人びとの姿を軽いタッチで描いている。ブント事務所での美智子についてはこんなふうに。

「その頃は事務所の帳面つけなどの雑用を樺美智子さんが片付けていた。森重がガリ

切りをしながら屁理屈をこね、わたしが棚吊りをしながらその揚げ足をとる。彼女はひっきりなしに笑い転げながら『仕事ができないからもう止めて』というが、わたしはそのうちバイクに乗って用足しに出てしまう。バイクを持っているのも乗るのもひとりだけだったし、頭を使って役に立つ人間ではないから、ビラや機関誌の配達なども引き受ける」

美智子が笑い転げたという記述にはほっとした。わたしが読んだ彼女に関する誰かれの思い出のどこからも、めったに笑わない、笑うときは静かに微笑むといった表現しか出てこない。たとえば、古賀とともにブントの労働者対策部で労働者工作を担った東大文学部の鈴木啓一（ペンネーム、森重）も、「樺さんは口数少なく物静かであったが芯の強い人で、黙々と山程あった事務を背負ってこれをこなしていた」と書いている。だから、古賀の証言は貴重だし、彼女にとって活動が楽しいものであった瞬間もあったということに救われる思いがする。

島博子が、「創成期の、ブントなんて誰も知らない時期の事務所を樺さんが一番最初に支えてくれた。だから島は、樺さんが死んだことをすごく気にしてた」と言うように、島は長いあいだブントについて語らず、ようやく『ブント私史』を著したのは一九九二年。「自分の内奥からの言葉として語ることは、私の中の樺さんの像を抜きにしてはありえないという気持ちがいつも湧いてきて、とらえどころのない精神・身体感情の重たさに堪えかね」たからで、『ブント私史』は「死後三十数年経ってようやく現した樺美智子への追悼の言葉であるといってもよい」と「あとがき」に書いている。

こうして事務局体制がととのい、機関誌『共産主義』も機関紙『戦旗』も定期的に発行されるようになって、小さいながら政党組織としての形がととのった。島は全国をオルグで飛びまわり、主要大学の自治会選挙に勝利して拠点校を増やしていく。労対部にも優秀な人材が加わって労働者をオルグした。結果、三月には全国で約四〇〇人が同盟員として登録したという（『ブント私史』）。

組織がしっかりと固まってきたころには、美智子はあまり事務所に顔を出さなくなる。代わって女子美術大学やお茶の水女子大などの同盟員が入れ替わり立ち替わりきて、煩雑になる一方の事務をこなした。美智子は東大文学部の学生運動の主導権を握るべく軸足を本郷に移す。

このころ、全学連執行部の顔ぶれが大きく変わる。ブント結成直後には、反スターリン主義については同じ考えだが、トロツキーの評価で分かれるブントと革共同（革命的共産主義者同盟）が、全学連執行部人事を分け合ったが、五九年六月の第一四回全学連大会で、島は、全学連指導部を掌握する。革共同の委員長塩川喜信らを排除して、ヌーベルバーグと呼ばれる若いブント同盟員と入れ替える。

誰もがあっと驚いたのは、北海道大学から弱冠二二歳の唐牛健太郎《かろうじけんたろう》を引き抜いて委員長に据えたことである。若いだけでなく、一九四八年の全学連発足以来、ほとんど東大が独占してきた（京大生が二回）委員長ポストを、北大生に託したことである。

大会は、ブント、共産党、革共同の三つ巴の争いになったが、島の思惑通り、ブントは三役はじめ執行部の多数を占めた。委員長唐牛健太郎、書記長清水丈夫《しみずたけお》（東大）、副委員長加藤昇（早大）・糠谷秀剛《ぬかやしゅうごう》（東大）、書記次長東原吉伸《とうはらよしのぶ》（早大）、組織部長青木昌彦（東大）、共闘部長小島弘（明大）、国際部長志水速雄《しみずはやお》（東外大）らで、平均年齢二一歳弱という学連史上最年少の執行部となった。

この陣容で安保闘争を闘うことになるが、そのことは安保闘争をよりラディカルな方向に導いていくことになる。また、のちに闘争を回顧する彼らがいちように「あれは若気の至り」、「青春の通過儀礼」といったたぐいの発言を繰りかえすこととも関係があろう。

文学部国史学科に進学

活動家の多くは、学生運動に時間をとられるあまり学業がおろそかになる。授業に出ずに単位を落として進級できなかったり、処分で留年する者も少なくない。美智子は多忙な日々をやりくりしながら、学業も手を抜いていない。

時期は前に戻るが、一年生が終わりに近づいた五八年三月、将来についてのアンケート「今後の学問、就職について」にこう答えている。

「どんな学問をやるにせよ、学問のための或いは自分（ないしは自分を中心にした少数の人）のための学問としてではなく、全ての人が人間を回復する方向へ現実の社会を前進させるための学問としてやることが先ず第一。／従って研究の内容とともに、いやむしろその成果の活かし方こそが問題。ここしばらくは歴史学と経済学とを研究したいし、両方ともみっちり研究しなければならないと思う。卒業後は史学か経済学方面の研究機関にはいりたい」（『人しれず微笑まん』）

歴史研究会に入ったくらいだから、史学専攻が当初の目的だったと思うが、マルクス主義に接近したことで、経済学の必要を感じたのだろう。しかし専門課程で経済学部に進むなら、文Ⅱから文Ⅰに変わらなければならない。この試験はけっこう難しい。五八年秋には結論を出し、文学部国史（日本史）学科進学を決めている。

卒業後については、この時点では研究者をめざしていたことがわかる。目黒区地区共闘会議での活動で自信を得て、夏休み明けには労働組合の専従も考えたようだが、進路については、このあとも揺れている。

一二月には、国史学科の研究グループ「近代史研究会」に出席。そのあと、コンパの案内に、「駒場の間は、直接に日本史に本腰をいれず、まだまだ貧弱なM・EおよびLの勉強をしようと思っております」と返答している。M、E、Lとあるのは、いうまでもなくマルクス、エンゲルス、レーニンの略である。

五九年春に国史学科の先輩から近代史研究会の説明と遠山茂樹《とおやましげき》宅訪問を誘われたのに対する、丁寧な手紙が『人しれず微笑まん』に載っている。

近代を専攻するつもりだが、全時代的な勉強をしておかなければならないと述べ、「今のところ、四月からは、中世以降の社会経済史を中心的にやっていこうと思っております」としている。だから、誘ってくれた近代史研究会に正式に所属するのは資格に欠けるのではないか、許されるなら準会員にしていただきたいと、謙虚に申し出ている。そして、「遠山茂樹先生のお宅へ皆様で伺われる由、なにか真先に羨望を感じてしまいます。岩波全書の『明治維新』を去年買ってその時、パラパラ読んだきりで、本棚に眠らせてしまっておりますような私では、御迷惑とまでいかないまでも（どうせ隅で小さくなっておりますから）、やはり失礼になりそうです」と書いている。

遠山は、五六年に東京大学史料編纂所を退職後は横浜市立大学教授になり、東大の国史学科には非常勤で出講している。明治維新史研究の第一人者で、『明治維新』は歴史学の専門書としては珍しくベストセラーになった。講座派の重鎮でもある。すでにブントに属し、講座派批判の立場にいるはずの美智子の手紙は、はるかな先学に敬意を表しただけなのだろうか。先輩たちと遠山を訪問し、研究の進め方について教えを受けたことが遠山のエッセイにもある。

ブントが学生運動の主導権を握るには、各大学の自治会の指導部も手中に収めなければならない。文学部に進学し六月に国史学科の委員になった美智子は、学友会を掌握する動きに出る。

本郷の学生運動組織は、駒場とは少し異なる。八学部を「ジェルスタンプ」と称して、デモのときの隊列の組み方も常にこの順。J（法学部）、E（経済学部）、L（文学部）、S（理学部）、T（工学部）、A（農学部）、M（医学部）、P（教育学部）、計八つの学部ごとに自治会（文学部は学友会と称す）がある。そのなかでも法学部自治会はみどり会、経済学部は経友会という名前を持っている。

これらの自治会の代表、つまり委員長と副委員長、計一六人で中央委員会を構成。本郷の学生全体として何を取りあげ、どのように意思を示し行動するか、そのために各学部の自治会の方針を調整したりしてまとめる役割をもつ。

組織は二重三重構造になっている。自治会は大衆団体だが、裏にブントや民青や革共同といったセクトがあり、大衆団体の奪いあいをしている。

ブントの組織は、共産党と同じで、書記局、中央委員会、地方委員会、地区委員会、細胞（フラクション）、班（グループ）から成る。細胞は同盟の基本組織で、大学や地域別に組織され、さらにそのなかのグループが大衆団体を指導する。

東大細胞のなかに指導部としてL・C（リーディング・コミッティ）があり、その下部組織として学部ごとのH・K（班会議）がある。

さらにブントと大衆団体の中間的な活動家集団である社学同（社会主義学生同盟）がある。共産党時代の反戦学生同盟の後身である。

美智子は、大衆組織の文学部学友会委員（のち副委員長）、中間組織の社学同同盟員、「裏」の組織であるブント東大細胞に属し、文学部班キャップという三つの顔を持って活動することになる。それらは分かちがたい性質のものであり、「表」の任務が解かれたと親を安心させながら、「裏」の任務から死ぬまで解放されることはなかった。いきおい帰宅する時間は深夜になり、あるいは徹夜になって、帰宅できなかったりする。母の光子は、娘の死去から二〇年後、『安保世代一〇〇〇人の歳月――国会突入の日から……』の筆者大蔵成行のインタビューに次のように答えている。

「大学三年生のときでしたろうか。主人が『美智子はひょっとしたら共産党に入党しているのではないか。おまえが聞いてみろ』というんですね。私、ちょっと驚きまして、まさかそこまではと思いながら、ある夜、聞いたことがありました。夕食のあとでございますが、主人も同席しているところで、『美智子、あなたは共産党に入党したりしていないでしょう』と聞いたのです。すると、『共産党?　あら、私、党員なんかじゃないわ』と明るい返事をしました。それで安心してほっと胸をなでおろしたんですけれども、このとき美智子はもうブントのほうへ入っていたんですね。ですから、たしかに共産党員ではなく、嘘はついていないんですが、もっとすごいところへ入っていたんですよねえ」

たしかに嘘はついていない。共産党員だった時期にも、両親には内緒のままだった。だから、翌年、羽田ロビー闘争で逮捕されたとき、両親はびっくり仰天することになる。

文学部学友会の副委員長

五月一五日、文学部学生大会が開かれた。大会では、他セクトのメンバーから、ブントの闘争方針、つまり安保改定反対を中心課題にした運動に対する批判の声があがった。自治会は大衆の利益を守るべきで、教育の権利を拡大するために、奨学金増額要求をせよと主張。学生は労働者の見習期間なのだから学生としての要求を出すべきだという理由だ。

これに美智子が反論した。学生だから、学生の多数を結集する経済的要求を重視しろというけれど、奨学金でもって、日本の支配機構を変えることができるのか。そんな日和見主義ではなく、学生もまた今もっとも重要な全国的な政治課題である安保改定問題をとりあげて闘うべきだと。

だからといって、彼女の発言にみなが納得したわけではないらしい。彼女はアジテーターとしてのカリスマ性は持ち合わせていない。それを林紘義は、次のように分析している。「彼女の発言は原則的であり、正当であったが、彼女は学生の前であまりに堂々と、何の粉飾もなく主張したからである。プチブル的な学生たちが、樺さんを〝恐れ〟、あまりにしばしば反発したのは、当然すぎるほど当然のことではなかっただろうか」（『哀惜の樺美智子』）。

大学側も美智子を学生運動の闘士として注意していた。本郷の各学部には大学と学生の協議会が設けられており、大学側からは教官、学生側からは学科自治委員が出席して定期的にさまざまな問題を話しあった。文学部協議会の責任者が学生係の尾崎盛《もり》光《てる》であった。亡くなった直後の『東京大学新聞』(六〇年六月一八日付)に、「樺さんの思い出──あまりにも鋭く悲劇的な」という追悼文を寄せている。

そのなかで、五九年六月、新旧学友会委員交代に際しての非公式懇談会時の美智子の態度をこう書いている。

「議論の内容はもう覚えてないが、他の男子委員がややもすると僕と妥協しそうになっても、ただ一人樺さんだけが僕には公式主義としか思えないような意見をくりかえし、けっして僕と共通の広場に出て来ようとしなかった」

会が終わって、尾崎は軽い気持で声をかけた。

「樺さん、君のようにかたくなな公式主義をくりかえしている人は、いつか必ずポキッと折れる時が来る。僕はそのような人を幾人か知っている。もっと自分自身の発想法をもつように気をつけなければ危ないよ」

美智子は上唇をかんで尾崎をにらみつけた。その後、学友会副委員長になっても美智子は公式の協議会に出席しなかった。尾崎を話しあう相手とみなさなかったのだろう。尾崎は学内で出会ったとき、なぜ出てこないのか尋ねた。「お忘れになったかもしれませんが、私はあのときの先生の言葉にはこだわっています」と答えたという。また、日常、接触する機会にも、「お話はそれだけですの」、「皆にはかってお返事します」、「それはお断りします」など、切り口上で話すのが常だったという。

「二人の美智子」と言われる。樺美智子が亡くなる前の年に民間から皇室に入った現皇后の名も「美智子」。軽井沢のテニスコートでの恋物語に始まる皇族と平民女性の結婚物語は、敗戦でイメージダウンした皇室の権威を取り戻すだけでなく、大衆により身近な存在として復活した。

その物語づくりに貢献したのは、創刊したばかりの女性週刊誌であり、先を争って開局した民放テレビである。正田美智子のテニス姿や髪型がファッションとして流行し、ミッチーブームなるものができあがった。

樺美智子が教育実習で渋谷区笹塚の中学校にいったのは、ミッチーブームの真最中。通学にはいつも地味な服装だったが、教育実習期間中は、白いブラウスに青い水玉模様のスカートだったという。こんな姿のせいもあってか、美智子は女生徒のあいだで「ミッチー」と呼ばれ慕われた。生徒の感想文にも、「普通の先生ならばお当番を手伝って下さいませんが、ミッチィー先生は、私たちの事をめんどうみて下さいました」、「先生はとても美しく、正田美智子さんのように美しい。エクボがあって、顔が白くてなんともいえない顔をしている」とある（『人しれず微笑まん』）。名前が同じ「美智子」だから、生徒が皇太子妃と重ねて見たのもしかたがない。

『人しれず微笑まん』には、「二年社会科学習指導案」「教育実習レポート」「学習指導についての生徒の感想文」が引用してある。実習レポートには、みずから作成した学習指導案に基づいて、「単元三　第二章　武士の進出」をどう教えたか、ていねいに記述している。

美智子自身、実習生に教わった経験はないが、二週間で「歴史の〝発展〟の把握」や「歴史に対する主体的態度の涵養」などは望むべくもないが、生徒のなかで一人でも歴史の勉強が好きになるようなきっかけを与えられたらと、密かに期したという。「歴史を教えるのはきっと、おもしろいだろうと思って実習に行ったのだが実際は予想していたよりも、もっとおもしろかったということを、はっきり言える」。卒業後の進路の選択肢に教師が加わったようだ。

一〇月、文学部学友会の委員長に国史学科の道広容倫、副委員長に美智子が選ばれた。まず文学部の各学科から委員が選ばれ、そのなかから委員長と副委員長が選ばれる。東洋史学科からは榎本暢子、英文学科からは谷本桃子など美智子と駒場時代から親しい人が顔をそろえている。任期は六〇年五月までで、美智子にとってはもっとも緊張した日々が続くことになる。

ブント指導部の思惑通りだが、委員長になった道広は、「ほんとは樺さんのほうが委員長になるべきだったんだけど、ぼくが男だから委員長になったんですよ」と言う。国史学科の二年先輩で大学院修士課程在学中、ブントの活動家でもある大口勇次郎の観察はこうだ。「それは樺さんが引き受けなかったんだと思いますよ。どうしても嫌だったんでしょう」。これより前に女性委員長の例はない。男性優位の活動家集団のなかでのやりにくさをわかって、引き受けなかったのだろうか。

翌年一月、高校時代の友人不二瑛子（『人しれず微笑まん』では富士令子）への手紙にこんなことを書いている。

「私の方は相変らず、忙しくて、フウフウ云っています。とくに十月の半ばから、文学部の自治会の副委員長になったものですから。（家族には内緒です）十二月の二十日頃まで、まるで一日の休みもなく、次々とますますむずかしい問題にぶつかって……。四月末までの任期いっぱいはつとまりそうもないな、なんて内心で悲鳴をあげながら、それでも、現在の日本の状態（人民の側のいろんな状態を含めて）を考えると、やはり、やれるだけのことを果さなくてはと思いなおしています。／私は、こういう活動は、どうも好きになれません。かなり義務感に支えられてやっています。もちろん、単なる義務ではなく、一学生として、一社会人として、自分の立場でできることを、やりぬく当然さ、ですけれども。が、感覚的には、どうしても私の身には余るものがあります。全く正しい、当然な、やるべきこと、であっても」

「当然さ」に傍点を振り、「全く正しい」「当然な」「やるべきこと」であってもと、読点で区切りながら書いている。好きではない、しかし、やらなければならない。外から見れば、はなばなしい活動歴に終始つきまとった本心である。

美智子はそのしんどさを家族には隠し続け、家ではまるでなにごともないように明るくふるまっていた。それは入学当初からで、学生運動に力を入れていることを、彼女をもっともよく理解し、応援者であった母にも打ち明けていない。

同期生で、編集者を経て現在は童話作家の八木田宜子《やぎたよしこ》は、毎日家庭教師のアルバイトをしていたので、あまりデモには行けなかった。だが、駒場で美智子と同じクラスだった人は、運動に熱心なあまり家族と意見があわず、家を出て友人たちの家を泊まり歩いていた時期があった。「樺さんは家を出るところまではできなかったのね」と言う。母思いの美智子は母を悲しませたくなかったのだろう。

多くの家に電話がないこのころ、活動家どうしが急ぎで連絡するときは、電報や速達を用いていたそうだが、実家から通っている女子学生にはとくに注意して女名前で連絡したと、道広容倫から聞いた。

講和と日米安全保障条約

ここで、日米安全保障条約改定と、戦後最大の国民運動として盛りあがる安保闘争について、かいつまんで顧みる。

問題の条約は、正式には「日本国とアメリカ合衆国との間の安全保障条約」で、一九五一年九月八日に日本とアメリカの間で結ばれて以降、六〇年近く経った今日も生き続けている。九月八日は、サンフランシスコ講和会議の最終日。つまり、日本が連合国による占領状態から解放された日である。全面講和ではなく、自由陣営のみとの片面講和で、四九カ国が署名した。

その五時間後に行なわれた日米安全保障条約の調印式では、アメリカ側は国務長官顧問ジョン・F・ダレスほか四人が署名したのに対し、日本側は内閣総理大臣吉田茂のみが署名するという異例の調印式だった。

条約は、前文と五つの条文からなる。日本は独立したが、軍事的には丸裸なので米国がその代役を務めるという内容で、占領軍が駐留軍と名を変えて基地もそのまま使用するという。条約の期限は明記されておらず、国民は内容を知らされないままであった。二つの条約はセットで五一年一〇月に衆議院で批准され、五二年四月二八日発効した。

五年後の五七年二月、首相の座についた岸信介は、自主憲法の制定、自主外交の展開を政策の柱とし、日本がアメリカと対等に交渉すべきという考えから、条約改定に取り組む。アイゼンハワー大統領との共同声明で「日米新時代」をうたい、日米安保委員会が作られた。

五八年一〇月には藤山愛一郎外相とマッカーサー駐日米大使が第一回交渉を行ない、以後協議を重ねることになったが、改定交渉はまたもや秘密裡に進行した。当初は五八年中の調印を目論んだが、前にも書いたように、政府が警察官職務執行法改正案を衆議院に持ち出したため頓挫した。

社会党は、非武装中立を唱える立場から積極的に反対運動を組織し、浅沼稲次郎書記長は、訪中の折、「アメリカ帝国主義は日中人民の共同の敵」と発言し、のちに彼の命が右翼少年に奪われるもととともなった。五九年三月二八日、日米安保条約改定阻止国民会議（略して国民会議）が一三四団体によって結成された。社会党と総評を軸に、中立労連、平和と民主主義を守る東京共闘会議、原水協、全学連などで、一年後には団体数は一六三にまでふくれあがる。共産党はオブザーバーだが、党の大衆団体は国民会議に参加している。

国民会議の統一行動は第一九次まで行なわれるが、第一回は五九年四月一五日。日比谷公園に八〇〇〇人の労組員が参集。六月二五日の第三次統一行動では、公園を三万人が埋めた。

全学連も、二四大学、二〇万人がストや授業放棄をした。本郷では全東大学生決起大会が開かれ、リーダーが「われわれの先輩は太平洋戦争でこのような状況で狩りだされ死んでいった」と演説した。敗戦から一四年、戦争の記憶はまだ風化していない。それだけに一般学生にも響く言葉だった。

「安保改定を阻止することによってこそ、戦争と抑圧の政策の推進者＝支配階級に政治的（対内部的に、対国内的に、対国外的にも）に打撃を与え、大きく一歩後退させ、同時にこちらの戦列に貴重な経験と新たな闘争へのエネルギーを与える」ことが、運動の目的だとする美智子のメモも残っている（『最後の微笑　樺美智子の生と死』）。

国会構内を解放区に

改定条約の原案がようやく国民の前に示されたのは一〇月、このころにはブントの組織も固まっている。島は、一〇月に行なわれた全都のブント学生細胞代表者会議で、勇ましい演説をぶちあげた。

「ブントはこの闘いに組織をあげて取り組む。学生運動は戦後十数年の経験をすべて汲みあげてこの闘争にぶち込め。（略）条約改訂の山場を迎えるにつけ一般大衆の政治的関心も必ずや昂まる。／右顧左眄する社会党議員も大衆運動の動向によって態度をかえるだろう。／この国民的闘いでキャスティングボートを握っているのはわれわれブントである。／代々木との闘いも動員数で勝った負けたというようなケチな考えは捨てよう。／これまでのスケジュール的闘争はすでに通用しない。試験期、冬休みなどすべて無視せよ。／ブント的闘いをわれわれの手で創りだそう」（『ブント私史』）

多くの人が書いているように、島成郎という人は、めったに熱くならない人だったらしい。その人が熱狂的に実力行使を訴えた。安保改定反対運動を先頭に立って闘うのはブントだ、君たちなのだ、今こそ立ちあがるときなのだと。ブントが主導権を握る大学自治会では、国会構内まで抗議行動を広げようと議論が盛りあがった。東大文学部の学生大会では、構内に入るための戦闘隊までが組織された。世間を驚かせる全学連の国会突入はその場の勢いで実現したのではなく、きちんとした計算のもとに決行されたのだ。ただ、誰もが、すんなりと国会の中へ入れると思っていたわけではない。成功は思わぬ成り行きだったようだ。

一九五九年一一月二七日、国民会議の第八次統一行動日、動員数は過去最大で、炭

労や合化労連は二四時間ストをうち、全国六五〇カ所で約三〇〇万人の労働者や学生の抗議集会が開かれた。東京では国会周辺にデモ隊が詰めかけた。その数は六万。警視庁は五〇〇〇人の警官を国会周辺に配置し、装甲車やトラックを国会入口に並べて厳重警戒態勢をとった。国民会議としては請願デモ大成功とほくそえんだ。

ところが、この日の主役は全学連だった。午後四時頃、国民会議の指導者が、いつものように流れ解散でデモを終わらせようとしたとき、社会党の代表団が衆議院議長に陳情文を渡すために正門から国会内に入った。これに続いて全学連の学生三〇〇人が構内になだれこんだ。続いて通用門もこじあけて学生と都教組などの組合員二万人のデモ隊が構内に入り、赤旗を掲げてジグザグデモを始めた。労働歌やシュプレヒコールが響きわたり、国会構内は「解放区」になった。

前代未聞のできごとで、慌てたのは国民会議の指導者らで、宣伝カーの上から「われわれは今日の請願の目的は達した。これで解散しよう」、「早く退去しなさい」と叫び、これに応じて労組員らは出ていったが、学生たちは座り込んだ。全学連書記長の清水丈夫が装甲車に飛び乗って、マイクをきられ引きずりおろされながらも断固座り込みを続けるよう訴える。外に出るよう叫ぶ国民会議の指導者に向かっては「ダラ幹」「イヌ」などと罵声が飛ぶ。ようやく午後六時近くになって、二〇〇〇人近い学生たちは防衛庁にデモをかけるとして出ていった。

都学連の執行委員になっていた林紘義は、法政大学でオルグを続けていて、当日は一〇〇〇人以上の法大生を一二台のバスに乗せて国会にきた。後ろ向きになって隊列の先頭に立ち、横にした旗竿を持って学生を誘導。十重《とえ》二十重《はたえ》の学生の隊列が押し、また押し戻されしているうちにいつのまにか警官隊の壁を破っていた。ふと見ると正門前に学生と労働者が集結している。門が開いて彼らが国会のなかに入るのに負けまいと走った。入ると国民会議の指導者らが出ていけという。こぜりあいを繰りかえしているうちに、仲間が入ってきた。「数分だったろうか、十数分だったろうか――右の方から赤旗を、そしてライト・ブルーの旗を先頭に一群の学生が姿を現わした！」

ライトブルーは東大文学部の旗である。

「土手のかげから湧き出てきたような、東大を先頭にした整然とした学生・労働者を見たとき、私は叫んだ。『諸君、拍手で迎えよう！』と。（略）北原もいた、神田さんもいた、樺さんもいた、――みんないた！　法学部、文学部、医、理、教育学部の学友もいた。みんなワッショイ、ワッショイとデモをしていた。すべての学生、労働者の顔に『よくやった』という感動と驚きの色。

やがて国会正門が再び破られた。お茶大のブントの人々の努力によるものであった。それにより、チャペル・センター前の残りの人々、人事院のルートの人々、首相官邸のルートの残りの人々がすべて国会に入った」（『哀惜の樺美智子』）

国会構内を占拠するという突出した行動で、「ゼンガクレン」の名は一挙に広まった。全学連がブント系の主流派と共産党系の反主流派に分かれているのも知られることになった。マスコミはこの「暴挙」をペンをそろえて批判した。「赤いカミナリ族、大暴れ」「デモ隊、国会構内へ乱入」などと。

オートバイを駆って暴走する若者が社会問題になり始めていた時期である。轟音と排気ガスを撒き散らすことからカミナリ族と言われて迷惑がられたが、こちらには「赤い」がついている。

国民会議も全学連を批判したが、傘下から離脱させなかったのは、学生だけでなく労働者もごく自然に国会内に入ったからだった。共産党は旧共産党員らからなる全学連執行部を『アカハタ』紙面で「過激派」「トロツキスト」と非難してきたが、この行為でますます非難のボルテージをあげる。もっとも、共産党系の反主流派のデモに参加していながら、勢いでいっしょに国会構内に「入ってしまった」学生もかなりいたという。

自民党内でも「革命前夜か」「非常事態宣言を出せ」と大騒ぎになった。政府は「国会の権威を汚す有史以来の暴挙である」との声明を出した。警視庁はただちに全学連・ブント事務所の家宅捜索をするとともに、公安条例によって清水丈夫ら指導者の逮捕状を用意して行方を追った。ほとんどは即日捕まり、林は一二月一日に自宅で逮捕されている。

東大では新たな騒ぎが持ち上がった。清水が教養学部駒場寮に、葉山岳夫中央執行委員が本郷の経友会に立てこもったのだ。警視庁公安一課長が茅東大総長に引き渡しを要求、大学当局は、大学の自治を侵すものだとして学外への退去を求めた。

本郷自治会中央委員会と駒場の常任委員会は二人をあくまでも守ると声明を発表したが、警察が学内に踏み込むとなると、大学の自治が侵されるという、一般学生の声が大きくなった。そのため、一二月一〇日、国民会議の第九次統一行動の日、清水と葉山はデモ隊に混じって日比谷公園に向かう途中、逮捕され一件落着した。

この事件は、ブントの本郷細胞に亀裂をもたらし、やがてブント崩壊の一因となる。しかし、全学連執行部は、翌年一月一六日の岸渡米羽田阻止闘争に向けてさらなる進軍ラッパを鳴らした。「各自治会は冬休みを返上して一・一六岸渡米阻止闘争に備えよ」と。

四章

神がかる美智子

1959年、教育実習の運動会の日に

帰ってこない娘

樺家の一九六〇年は激震で明けた。一月一六日、日米安保条約調印のために渡米する岸首相ら全権団一行を阻止しようと、全学連が羽田空港ロビーに立てこもり、美智子が検挙されたからである。

一月一五日、金曜日。祭日だったが、美智子は朝早く外出した。母光子は、娘が夜になっても帰ってこないのを気にしつつも、前日あたりから関西の友人を訪ねる様子を見せていたので、やっぱり関西へ行ったのだと思う。

美智子は家を出るときから徹夜で羽田に座り込む覚悟でいるが、そうとは言えないので、それとなく母親に関西行きをにおわせて外出したようだ。作戦的である。道路での座り込みに備えて、帽子を被り、防寒準備も万全である。

一六日の夕方、前日からの冷たい雨が降り続いているなか、学友の一人が樺家を訪れた。光子は初対面で、「美智子は関西に行ったらしい……」と答えた。友人は驚いて光子の顔を見つめ、何か挨拶をして、そのまま帰っていった、と光子がその後の経過も含めて書いている（『死と悲しみをこえて』）。訪ねてきた学友は、何も知らない光子を驚かすのにしのびなかったのだろう。

次の日の夕方、別の友人が訪ねてきて、言葉につかえながらも今度ははっきりと、「羽田空港で検束された」と話した。光子はなんども「ほんとうなのか？」と尋ね、彼はその度に繰りかえした。「たしかにそうなんですが、今どこにいるかわかりません」と。そして翌日、みなで集って対策を立てることを言い、帰っていった。

美智子が羽田空港で逮捕されたのは一六日未明、母親が知ったのは一七日夕方ということになる。同じ現場にいたが逮捕されず空港から放り出された仲間が大学に戻り、誰かが武蔵野市の樺家まで報せに走ったのだろう。しかし、母親は美智子が羽田闘争に参加していたとは夢にも思っていなかったようだ。各新聞の一六日夕刊には全学連学生の「羽田座り込み」の記事がかなり大きく出ているし、一七日朝刊にも出ているのに。だから、うろたえた。

「私には誰も相談相手がいなかった。息子も夫も。私は誰にも口をききたくなかった。そして、こういう場合に、どう自分が行動してよいかわからなかった。ただ私は自分にいってきかせた。落ちつくのだ！と。／私は声にだしていってみた。『おちつくのだ！』と。そのうちに胸が苦しくなり、のどが渇いてきた」

こういう場合、検束された本人にとっては予想された成り行きだろうが、いきなり娘や息子が警察に捕まっていると知らされた肉親のほうが動顚するのは無理もない。そのときはどうしてよいかわからなかったという光子だが、翌日、つまり一八日から娘の救出に向けて猛然と行動を開始する。

光子だけではない。捕まった学生たちの親は例外なくうろたえた。前年一一月の国会占拠も世間を驚かせたが、逮捕者はそう多くはない。今度は七六人の多数にのぼる。

なぜ、これほど多くの逮捕者を出したのか。

前年の国会占拠後の一二月一〇日に組まれていた国民会議の第九次統一行動で反対運動がしぼむなか、政府は着々と条約改定交渉を進めた。一二月九日に藤山外相とマッカーサー大使の間で安保条約と行政協定の案文の最終確認が行なわれ、あとは日米両国政府が調印式を行ない、それぞれの議会で批准するだけとなった。調印のために岸首相ら全権団がアメリカに出立するのは明けて六〇年一月一六日。三日後の一九日にはワシントンで調印式という日程も一二月下旬に明らかにされた。

自民党内部では、安保改定を花道に岸に退陣してもらうというのが暗黙の了解で、ポスト岸をにらんでの権力争いのほうにおおかたの関心がむいていた。反対運動を甘くみていたのである。

反対を主張してきた社会党、総評、それに共産党なども、当初は全権団が通過する羽田沿道に大量のデモ動員を訴えていたが、一月に入ってから、日比谷公園で中央集会を開いて抗議する戦術に変更した。反対勢力側も安保後にくるであろう選挙で得られる議席数を計算しての、見せかけの抗議行動をぶちあげただけともいえる。こういうのをスケジュール闘争といい、大きな効果は期待できない。

この方針により、羽田に行くか日比谷にするかについて、東京地評などの労働組合では激しい議論になったが、結局は国民会議の決定に従うことになった。

ブント全学連傘下の大学のみ、訪米阻止闘争に本気で照準をあわせた。誰もが予想もしなかった羽田ロビー闘争である。その結果、全学連は幹部の多くが検束されて、大衆運動が盛り上がるなかで組織の混乱をまねくことになる。なぜ、このような冒険主義的な戦術を採用したのだろうか。ブント書記長島成郎が『ブント私史』で回想している。

年末に羽田動員を決めたものの、冬休み明けで、しかも一五日は祭日（成人の日）で一六日は土曜日。もっとも学生を動員しにくい条件がそろっている。それでも、やらなければならない。「常識はかえねばならぬ。不可能なことも可能としなければならない。何十年に一度ともいうべきこの機会を絶対に無為に過してはならぬ。／一月三日、全国代表者会議を召集した私は全国からの現地羽田動員による阻止闘争を単独でも行うという『冒険主義戦術』を敢えて提起した」。

一部には、全学連がヘリコプターをチャーターして、上空から全権団が搭乗している飛行機に煉瓦を落とす、岸の車を転覆させて火をつける、といった憶測まで流れたという。

ブント書記局の方針を受けて、全学連は羽田デモを決めたものの、指導部の捨て身の戦術を、傘下の大学が全てすんなり受けいれたわけではない。どこの大学でも、学部や学科、クラスごとに揉めた。東大文学部国史学科でも議論が白熱した一月一四日の様子を、当時助手だった青木和夫が描写している。

「昼休みの研究室には、学生が十余人集まって、羽田に行くべきか否かを討論していた。樺さんは、行くべきであると提案したあと、激しくなってくる討論を黙って聞いていた。反対者の側に有能な論客がいて、大勢をひきずった。決をとればどういう結果が出るか、誰の目にも明らかになってきたとき、樺さんも討論の渦にまきこまれた。頬はいつになく紅潮していたし、言葉も乱れがちであった。異様な感じであった。私が傍聴の席を離れて、しばらくしてから研究室に帰ると、もう会が終っていた。樺さんの姿はなかった。決は取らなかったと聞いた」（『人しれず微笑まん』）

マスコミの反応も学生の行動を牽制するものがほとんどだった。たとえば『毎日新聞』一六日朝刊の一面コラム「余録」は、「あくまで実力行使を主張しているのは、全学連とその同調者だけだ。この連中の向う見ずなハネ上りはまことに困ったものだが」とある。しかし、同じ朝刊の一一面（東京都内に配られた遅版と思われる）には、一五日深夜から一六日早朝にかけての「激突」がすでに大きな記事になっている。のちのことだが、全権団の出発時間が繰り上がったことを全学連に通報したのは毎日新聞政治部記者であったことが明らかになっている。そのせいだろう、この記事は学生の動員から「事件」が終結するまでの状況を細かく伝えている。

この速報に、「ルポ　羽田デモの15時間」（『東京大学新聞』一月二〇日付）などで補足しながら、当日の一部始終をドキュメントで追ってみる。

ドキュメント羽田事件

全学連の直接行動を警戒して、岸全権団の出発時間はなかなか明らかにされず、当初、一六日午後一〇時とみられていたが、一五日午後二時になって一六日午前八時出発というプログラムが発表された。予想より一四時間も繰り上がったため多くの大学では出発が遅れたが、東大本郷は、当初から一五日夜は羽田付近に泊まり込む計画であったため、すぐに対応。本郷からの第一陣四〇〇人が出発した。

全学連の乗った一番目のバスがサウスゲート（弁天橋検問所）を通過したのは午後六時半。空港警備隊員六人と羽田署員四人が待機していたが「バスをストップさせ検問せよ」という指示がなかったため、バスは難なく通過した。続いて二台が空港内へ。警察が弁天橋の検問を始めたのは午後七時半過ぎだった。

こうして警備の手薄を縫って国際線ロビーにまで入り込み、驚く旅行者らのそばで「共産主義者同盟」の旗がロビーになびいた。このなかに美智子もいる。

駒場は休日なので寮生しかいない。電話や電報で呼び出し、午後一〇時半にバス六台がスシ詰めで出発。駒場生三〇〇人に加え、法政、明治、慶應、日大、金沢、新潟、女子美、お茶の水各大学の学生一五〇人もバスに分乗して第一京浜国道を下った。新聞社の車数台が続く。車列は第一京浜から羽田街道を通り空港に入る手前の稲荷橋でストップさせられた。

待機していた警官隊とこぜりあいになり、はじめは警官隊に押しかえされたが、その後喚声をあげながら警官隊とはげしく衝突して、警官隊がずるずる後退した隙に約二〇〇人が警戒線を突破、空港ビルになだれこんだ。残った学生たちは口々に「岸を行かすな」と叫びながら検問所前に立ちはだかり、警官隊と徹夜のにらみあいをつづけた。バスに乗っていたのは七〇〇人、そのうち四〇〇人が警官隊とおしくらまんじゅうをしてロビーに入ったとする報道もある。

国際線ロビーを埋めつくしたのは七〇〇人とも一〇〇〇人とも言われる。泊まりこみ覚悟で毛布をかついだ者や、地方からの上京組のなかにはジャンパーに長靴姿もいる。女子は七〇〜八〇人。まだ飛行機は発着している。一般客は隅に追いやられ、ソファーの大半を学生たちが占拠した。

送迎客がほとんどいなくなった一〇時半ごろから「岸首相渡米阻止総決起大会」が、報道陣に包囲されて始まった。北は北海道大学から南は九州大学まで、地方の代表者が演説。それまでのどの集会よりも、地方色豊かな、全国的な盛りあがりを見せた集会であったという。

人いきれでムンムンするロビーで、最後に唐牛委員長が立って演説した。

「国民会議は羽田実力行使の方針を取りやめた。これはわれわれに対する裏切りだ。全学連は、あくまで警官の圧力に実力で抵抗する」（『東京大学新聞』一月二〇日付）

窓ガラスがビリビリ震えるほどの拍手が起こる。徹夜で座り込むこと、警官隊にそなえてバリケードを築くこと、朝まで座り込みが成功した場合は滑走路に出て特別機の出発を阻止することなどが決められた。

このころ、出遅れた大学の学生たちが続々弁天橋付近に集結したが、警官隊も増員され、装甲車も立ちはだかり、デモ隊は空港に入れなかった。こうして空港ロビーの学生たちは孤立させられた。

一六日午前一時過ぎ、ロビーの学生たちは、四カ所の階段を椅子のバリケードで固め、廊下から入ろうとした警官隊の姿を見るとスクラムを組み、労働歌を歌いながらジグザグデモ。その勢いでロビー横の空港食堂の扉を押しあけて食堂に乱入。机や椅子をロビーに運び出して、バリケードを補強すると、全員が食堂内にかたまり、籠城の構え。ボーイら五人が学生と一緒にカン詰にされてしまった。

食堂にぎっしり詰まった学生たちのなかに美智子が写っている写真がある。ジャンパー姿で演説している学生と向かいあう、最前列と思われる場所に膝を抱えて座っている。演説者を見上げる目の光が強い。帽子をかぶり、白いブラウスの襟が上着から覗いている。頭の上方に旗竿が斜めに見えているが、その先には「共産主義者同盟東大細胞」の旗が翻っているはずだ。

籠城はしかし、警察の思うツボだった。一カ所しか出口のない食堂に全員がこもってしまったのだから、数で制圧すればいいことになる。午前二時半、空港内に入った機動隊が、空港ロビーを鉄カブト姿でぐるりと取り囲んだ。ロビーに散らかった新聞紙などのゴミはいつのまにか片付けられ、警察は不退去罪で指導者全員検挙の方針を打ち出した。

同三時二〇分、警視庁第四機動隊が食堂の入口に積んであった椅子や机をどかしにかかった。学生も抵抗したが、三時半、バリケードを全部取りのぞき、警官隊がいっせいに突入、一人ひとり引きぬきはじめた。

学生の腕をとって引っ張る警官、スクラムではね返そうとする学生。食堂の仕切りのガラスが割れ、怒号と罵声が続いたが、やがて一人の学生が引っ張り出された。警官二人に腕をつかまれ、ぶら下がるように引っ張られていく。一人、二人と制服警官が二列に並んだ間を引っ張り出される。その場に座り込む者もいるが、両方から警官が蹴る。髪を引っ張り「この野郎立て！」とどなる。裸足で出てきた女子学生もいた。私服が一人ひとりの顔を念入りに点検、先鋭分子を選別して、「こいつ逮捕、こいつヨシ」と命令する。検挙を免れた者は二キロの道を歩かされて空港外に放りだされた。

一六日午前六時。空港外の京浜国道には徹夜で警官隊と闘った学生たちに加え、雨のなか、朝一番の電車でかけつけた学生約二〇〇〇人がいるが、警官隊と装甲車に囲まれて身動きがとれない。岸ら全権団を乗せた車はこの道を回避して、裏道をノンストップで走り抜け、警官の人垣を縫って空港に入り、予定通りアメリカへ飛び立った。

それにしても多くの戦力を失うことになる食堂籠城戦術は明らかに失敗である。

「なぜ食堂にこもったんですか」というわたしの問いに、東大経済学部学生で学連執行委員、のち経済学研究者になった田中一行《たなかかずゆき》は、「なにしろみんな羽田に行ったのは初めてで、空港の様子がよくわからなかったんですよ」と応じた。逮捕された幹部の多くは、その後国際的に活躍する学者や企業人になり、飛行機は日常の足として多用するようになるが、学生身分のこのときは誰も羽田を知らなかったのである。

メンが割れていた

検挙された学生たちを乗せたトラックは、空港出口の弁天橋の上で歌いながらがんばっているデモ隊のそばを通過、トラック上から歌声に和した。車はそのまま都心に向かい、桜田門の警視庁で全員下ろされる。そこで写真を撮られ、ふたたび車で都内の警察署に連れていかれた。美智子は久松署へ収監された。おおぜいの検挙者を同房に入れるわけにいかないので、都内各署の留置場に分散したのだが、とくに東大ブント細胞は同じ警察署ではない。

七六人が検挙され（七七人、七八人という記述もあるが、第三四回国会法務委員会での警察庁長官柏村信雄の答弁による）、全学連の書記局など五五カ所が捜索された。全員が四八時間以内に「建造物侵入及び暴力行為等処罰に関する法律違反」の罪名で東京地検に身柄を送致された。地検では、公安部八検事、刑事部五検事、特捜部五検事の計一八検事を総動員して取り調べを始め、東京地裁に拘置請求した。このようにおおぜいが一度に拘置請求をうけたのは、メーデー事件以来のことという。

七六人のなかには、全学連委員長の唐牛健太郎をはじめ、中央執行委員で組織部長の青木昌彦、都学連執行部、各大学の自治会役員など幹部級と、ブント指導部の生田浩二、古賀康正、片山迪夫らが含まれる。学生の在籍校は、東大三一人（教養学部八、学部一九、大学院四）、早大一三人、中央大六人の順で、圧倒的に東大が多い（『毎日新聞』六〇年一月三一日付）。全学連の指導部が東大生で占められており、しかも、先に書いたように東大が先頭をきって羽田に集結したせいである。文学部からは、美智子のほかに国史学科修士課程の大口勇次郎、同じく国史学科四年生を留年中の栗山武、西洋史学科の北原敦。

女は美智子と女子美術大学生の下土井《しもどい》よし子のみ。美智子が逮捕されたのは、公安警察にメンが割れていたからである。美智子より二年上で、やはり文学部の副委員長をしたことのある山下（のち石田）米子《よねこ》が言う。「わたしも遅くまでビラを刷って、一二時までにはうちに帰らなくっちゃあと思って、地下鉄駅の本郷三丁目にくると必ずいるんですよ、公安が。『山下さん、今までごくろうさんだったね』って言うんですよ。フッと振り向くでしょ。確認してるんですね」。

美智子は、一年生からの共産党員で、ブント創設時の書記局に入って事務所を支え、今は文学部の副委員長である。マークされて当然ということになる。

ガサ入れといえば、美智子の自宅も家宅捜索をされている。しかし、この事件や、美智子の死後、娘について多くの文章を書いた両親は、家宅捜索については触れず、俊雄が最晩年になって明かしている（『昭和史探訪』⑥「『安保闘争』わが娘国会南門に死す」)。世間から「大物」と見られたくなかったようだ。

一月一九日、本郷には逮捕者の保護者らがぞくぞくと集った。光子も行った。

「それで私は大学の正門を入って守衛に道をききながらこんなことで大学を訪問することになったのかと妙な気持になった。なおさらその建物の様子や校門の陰気さが身にしみた。冬の寒さの上に、それらのものがのしかかってくるように感じ、私の心は固く凍った」

集った人びとの意見はまちまちで、みながまとまって事を処理するのは難しいと判断した光子は単独で行動する決心をする。美智子は、中央区日本橋の久松署に留置されていることがわかった。光子は、その日のうちに弁護士を決め、陽が翳り始めた時刻に久松署に足を運んだ。

弁護士が接見手続きのため地下に姿を消したあと、彼女も呼ばれた。暗い冷たい建物の地下室へ降りていくと、一カ所だけ明るく電灯がともっているところの金網越しに娘の姿を発見する。美智子が気付いて先に声をかけてきた。

「お母さん、風邪をひいたでしょう!」

「風邪なんかひくものですか!……。それよりあなたは? しもやけできたでしょう?」

「まだできない」

二言三言でも心は通う。どんなに寒いだろう。母は万感の思いを込めて言う。「がんばりなさい！」と。

美智子の泰然自若とした態度に意見がましいことが言えなかったのだという。帰り道、若い弁護士が話しかけてきた。

「私は学生時代には一度もいわゆる学生運動というものをしたことがないのですが、今日は素晴しい経験をしました。私はあんなにしっかりした態度の、それも若い娘さんをはじめて知りました。生れてはじめての経験です」（『死と悲しみをこえて』）と言いながら、眼を輝かせ、声をふるわせていたという。

それから父の俊雄も加わって、連日釈放運動に走りまわる。俊雄のほうは、とんでもないことをしてくれたという思いから、娘に激しい非難と叱責をあびせたと、手記に記している。それに対して「娘の眼には私に対してうらみがましい眼差しがみられた」と。

大学の研究室に教授を訪ね、あらゆる伝手をたよって早期釈放を働きかける。毎日、食べものや衣類を差し入れる。そうした動きが効を奏したのか、数日で久松署から本庁に移された。久松署はひどく寒かったが、本庁の留置場は廊下に暖房があるため暖かかったと、出獄後に美智子が語ったという。

両親の憔悴ぶりを見かねて国史学科助手の青木和夫は、主任教授の坂本太郎に釈放運動を働きかけた。坂本は古代史の権威で、俊雄によると、宮内庁のほうにも関係のある「非常に保守的な方」だが、「公安調査庁へ行ってくださって、『釈放してやれ』

というわけなんです。（略）学生運動なんか嫌いな先生がなぜ樺の釈放に熱心」だったかというと、美智子がまじめで、気にいられていたからだと打ち明けている（前掲書）。

弁護士が気に入らなくて数人替えるなど、釈放に向けた両親らの必死の活動を獄中の美智子は、迷惑に思っていたようだと、のちに光子が書いている。困難な思いをしているのはわたしだけではないのにと。

美智子にしてみれば、迷惑をかけた両親に心から詫びる気持があったに違いないが、だからといって特別扱いされるのは嫌だったのだろう。親に資力がなく、全学連にも救援資金がなく、国選弁護士に弁護された人もいたのだから。地方の大学からきた者、都内でも所属する大学から一人か二人といった場合、本人が黙秘していると、長期にわたって差し入れも面会もなく、厳冬の留置場で過ごすはめになった。

もっとも『毎日新聞』（一月二一日付）には「多い『名士の子』」という見出しで、逮捕された学生たちの身元と釈放運動に触れている。集団検挙された内の約三分の一は名士の子弟。母一人子一人のアルバイト学生もいるが、「大半は中流以上の家庭」。しかも親たちのほとんどが「うちの子に限って」と青ざめるほど、子どもの学生運動には無関心だった。親の名士中には、東大教授三人、中大教授一人のほか、服部時計店重役、三井鉱山重役、弁護士、元知事などがいるとして、「親たちの悩みは目の前の学期試験と弁護士の選任問題だ。とくに弁護士の選任については学生は自由法曹団など革新系を望み、留置場のうちと外で親子の争いも見られる」と伝えている。ここでは触れていないが、父親の職業が裁判官、検事という学生も計三人いた。

取調べの結果不起訴が決定した者から順次釈放された。一月二五日の一人に始まり、六日に四六人が釈放され、起訴された二一人は巣鴨に移管されている（「全学連救援対策部日誌」）。

美智子は、二月二日、一七日ぶりに釈放され、風邪もひかず家に帰った。

愛情の暖かいコート

政治運動のためで覚悟のうえとはいえ、初めての留置場生活や検事の取調べなどが、こたえなかったはずはない。が、この間の自身の気持や考えを、美智子はどこにも書き残していない。松田恵子宛の手紙にも心配しないようにとしか書いていない。誰にも語らず、書かず、それだけに思いはいっそう内にこもったのではないだろうか。

大学に戻って数日後には、赤門近くの喫茶店で、文学部の先輩や友人たちがお帰りなさい会を開いてくれた。その後しばらくはあまり大学に出てこず、仲間たちのあいだでは、両親に家に閉じ込められている、ひどい親だという噂が流れたという。獄中にいるときに、父俊雄が書いた「全学連に娘を奪われて」が雑誌に出たからだろう。

八木田宜子《やぎたよしこ》によると、こんなこともあった。美智子は社会科教育法を受講していた。社会科の教師をめざす学生にとっては必須科目で、学部を超えて受講することができ、教育学部の八木田も受講していた。美智子が休んでいる日、八木田は出欠カードを一枚余分にもらって美智子の名を書いて出した。しかし、ほかにもおおぜいの学生が美智子の名を書いて出したため、欠席していることがばれてしまったという。

後期試験が迫っている。美智子は八木田を呼びだした。ほとんど授業に出席しておらず、ノートをとっていない。いまさらノートを写す時間もない、どうしよう。では、カンニングということになり、試験当日は一番うしろに座ることに決めたが、試験はノート持込み可で、記述式問題だったため、カンニングの必要はなかったという。

打ち合わせのため図書館で会ったとき、八木田は目を瞠った。「樺さんはすごくかっこいいオーバーコートを着てたんです。布の質もいいし、デザインもいい。当時オーバーコートというのはすごく高いもので、アルバイトぐらいではとても買えなかった。だからわたしが思ったのは、彼女は両親にとても愛されているのではなかろうかなあということです」。

家に帰って両親とどんな話しあいがあったのかはわからない。着るものに頓着せず、学生運動に入れあげている気持をやわらげるため、娘のおしゃれ心に訴えようとしたのだろうか。両親の娘への思いが伝わってくる話である。

政治活動からなんとかして手を引かせたいと願う両親は、お礼の挨拶に坂本太郎教授宅を訪問した。坂本は、学生は学問に専心すべきだという考えを持っていたが、事件の前に美智子が提出した古代史のレポート「前期古墳の葬制を通じてみられる当代の死者に対する観念」を評価していた。
「先生はにこやかな態度で私たちに接せられ、美智子に対しては、ことに慈愛深い言葉をかけて頂いて、余計恐縮したものです。その折、許されるならば、女子学生であっても、学問の研究を続けたら、というようなお言葉を頂いたので、私たちもできれば美智子を学究に育て上げたいものだという決心を一層強くもちました」(樺俊雄『最後の微笑』)。それでも、現在の主張を持ち続けるのであれば、せめてそういう主張の立場での学問研究に身を入れるように、できれば適当な時期に海外留学をさせようと俊雄は考えたという。このとき世話になった羽仁説子から、モスクワ大学へ留学する道もあると教えられたという。

国会でも問題になる。二月一六日、第三四国会の参議院法務委員会で社会党の高田なほ子議員が質問している。

まず、公安調査庁が全学連と社会主義学生同盟と共産主義者同盟の三団体を破壊活動防止法容疑団体にして実態調査に乗り出した理由を尋ねている。これに対し、公安調査庁次長が三団体の運動が安保反対闘争で「矯激な言動」が出てきて、内乱の教唆煽動にあたるのではないか疑われるからだと答弁している。

高田は繰りかえし、容疑は不適当だとくいさがり、その質疑応答のなかで、羽田事件について質問している。

羽田で学生運動のリーダーが捕まっている。その判断がきわめて的確だったと聞いている。とくに樺美智子や下土井よし子など学友会副委員長とか自治会委員長とか肩書をもっている女子学生が捕まっているが、普段からこのようなリーダーの写真を撮っておいて、目星をつけて逮捕したのかと。

警察庁長官は、意識的にやっているわけではないが、学生運動が「不法越軌」にわたるときに証拠写真として撮っておいた学生が、あらゆる場合に指導的役割をしているという認定になる。しかし、羽田の場合に写真を携行したというふうには聞いていないと答弁している。高田は次のように意見を締めくくる。

「私は、本人の知らない間に学生運動に参加しているという理由で、警察の方が写真を手に入れて、あらかじめこれを容疑者として見るというその考え方については、私はこれは不当だと思う。特にまあこの二人のお嬢さんなんかは、一人はどうやら祭り上げられた委員長であるようにも聞いているし、家庭も非常にりっぱな家庭で、御本人も非常に学業にも熱心である。こういうような者が破防法の容疑団体の中の一連の首魁者というような観点から、年中警察が写真を持っていて、機会あらばつかまえろというようなやり方というものは、私は決してとるべきものではないのじゃないか。わけて女子学生に対しては相当これは注意をされて、特に学生運動の中における女子学生というものの立場というもの、これはなかなか微妙な点もあるわけなんですから、十分にこれはお含みいただかなければならないと思いますが」

高田の言う「非常にりっぱな家庭のお嬢さん」で「学業にも熱心」というのは、父親が大学教授の美智子を指しているのは明らか。両親が釈放運動にあたって社会党議員にも働きかけたと思われるが、高田かどうかはわからない。

公安警察が活動家の写真を常時携帯しているというのは、いきすぎだが、女子学生だからと男子と区別する議員のセンスもどうかと疑う。それに美智子は、祭り上げられた幹部ではない。弁護するにしても、別の弁護のしかたがあるはずで、美智子がもっとも望まない弁護だったのではないか。

「全学連に娘を奪われて」

釈放後、父と娘は理論闘争をした。父は、学生である以上、学問に専念してほしいという。娘は、学問の理論的研究と政治的実践活動とは結びついていなければならないと反駁する。父は、仮に実践活動に従事するとしても、全学連のようなはね上がった行動とそれを裏づける理論は間違っているという。娘は、父が全学連の政治的綱領を理解できないのだと答える。

議論は平行線である。そこで父はもっと全学連を研究することにし、娘ももっとその方面の勉強をしたのちに、さらに話しあおうということで妥協したのだと述べている。両親としては、これにこりて、学生運動をやめることを願っただろう。しかし、彼女はそれ以前よりむしろ熱心に活動にのめりこんでいった。それは父への反発もあったと光子が書いている。

俊雄は、中央大学文学部社会学科の教授としての仕事のほかに、一〇冊以上の著書を出している。もちろん専門書だが、美智子の事件をきっかけに専門外の分野でも多くの文章を執筆するようになる。

その最初の文章が『文藝春秋』一九六〇年三月号の「全学連に娘を奪われて——羽田空港事件で東大生の娘を検挙された父親の手記」、次に『若い女性』同年四月号の「娘よ家に帰れ」。

『文藝春秋』は、時代を象徴する事件の当事者や家族の手記をいち早く掲載することで知られたメディアである。メディアの側から見れば、東大生で中上流家庭の子どもが多く逮捕されたこの事件は、かっこうのネタである。しかも二人しかいない女子学生のなかで、美智子の父親が大学教授となれば、ますます注目度は高い。記者が手記をとりに走ったのは当然だが、執筆はまだ、美智子が獄中にいるときである。

タイトルからわかるように、娘は全学連という暴れ者の組織の被害者といわんばかり。内容も、学生たちの行動の非難に終始している。

「国会乱入事件後における全学連の指導者の狂人じみた英雄気取の言動が国民のあいそづかしをどれだけ増したことか。それなのに、さらに首相渡米を全学連だけの手によっても阻止してみせるというにいたっては、全学連以外の国民のすべてがあきれはてていたはずである」と、まず一一月の国会突入と今回の羽田闘争を全面的に否定したあとで、「よもや自分の娘がそれに参加していようとは夢にも思わなかった」、三人の子どものうちでは「娘がいちばんかわいかった」。芦屋にいたころは、休日に神戸の町をいっしょに歩いた。東大に入ってからも家でよく勉強をしていたし、母親とはよく話しあっていたから、親子のコミュニケーションが欠けていたとは思えない。だから、「今度のような馬鹿げた事件に巻きこまれたのは、なんといっても大学の友人仲間のうちに原因があったとしか考えられない」。もちろん、友人のせいだけではなく、「単純な考えで正義感にかられると、情熱的な行動をする性質が娘にはあったらしい」から、そのせいで、デモに参加したのではないか。

樺家の教育方針は自由放任主義だから三人の子どもはそれぞれ個性を発揮し、思想的な問題では、娘は進歩的、すぐ上の兄は現状肯定的、一番上の兄は理工系のせいもあって無関心。「だから水爆実験禁止のニュースなどをめぐって三人の意見はまったく一致しない」。こういった教育方針がまちがっていたとは思わない。ではなぜ、娘がこんなことをしたのか？　娘の役割はよくわからないとしながらも、次のように推測する。「今度の事件を動かしている思想的背景といったようなものに対して娘が心から共鳴していたかどうかは分らないが、ただ自分の入っていた仲間に対して行動の上で出来るだけ忠実であろうとしたのではないか」。

その原因は、戦後のアメリカナイズされた日本の青少年の行動を規制しているものが、古い伝統や世代ではなく、青少年の属している仲間とか団体、つまり社会学でいうところの「同輩集団」であると、社会学者としての見方を披露している。教師や親の言うことより友達の言うことはきくという傾向が、ロカビリー集団やカミナリ族、全学連の事件を生みだしたのではないか。親はこういう同輩集団の行き過ぎた拘束力を壊さなければいけないと。

最後に「学生よ正道にかえれ」と教師らしく説教をする。首相の渡米を実力で阻止しようという全学連の学生諸君は「痴呆だとしか考えられない」。学生諸君は勉学に熱中すべきだと。

美智子が釈放されて自宅に帰ったのが二月二日。俊雄の手記が載った『文藝春秋』の発売日は八日後の一〇日。彼女がこの手記をどんな思いで読んだか、想像するほかないが、違う、違うと言いたかったに違いない。

そもそも美智子は、仲間に誘われて同輩意識で羽田に行ったわけではない。強い信念を持ち、みずから正しい行動だと信じて行ったことは、これまで見てきた経過で明らか。この時点で、父親は美智子がかつて共産党に入っていたことも、現在東大文学部の自治会の副委員長として、ブントの幹部として、他を巻き込みながら学生運動に熱中していることも知らない。

知らないとはいえ、一年生のときから社会主義を信じて理論武装をし、議論を重ね、熟慮の結果、信念をもって行動したことを、軽い気持で、仲間に付和雷同して行動したように書かれては、立つ瀬がないではないか。

その上、同じ信念に支えられて真剣に行動している先輩や仲間たちを「馬鹿、痴呆」呼ばわりされては、仲間に合わせる顔がないという気持になったとしても不思議はない。実際、この手記を読まなかった学生はいないくらいで、五〇年経った現在でも、取材した関係者の全てが鮮明に覚えていて話題にした。

警察は、羽田占拠をあらかじめ「共同謀議」したものと認定し、逮捕した学生たちからその証拠を引きだそうとした。誰と誰が共同謀議に参加したか。それをしゃべったのは美智子だとする人が今でもいる。真偽のほどはわからないが、そういった思い込みが生じる要素が美智子の周辺にあったことになる。

このあと、美智子が学生運動に距離をおくどころか、周囲の友人たちが口をそろえて言う「怖いほど」の雰囲気を漂わせながら運動にのめりこんでいったのは、父親の手記が起こした波紋も一要素だったと思われる。

俊雄のもう一つの手記は、『若い女性』四月号に寄稿した「娘よ家に帰れ」。

こちらは、タイトルから想像するよりは、ずっと穏やかな内容で、『文藝春秋』の手記にくらべると、全学連批判はかなりトーンダウンしている。おそらく釈放された美智子と話しあい、強い信念を持っていることがわかったからだろう。

「無謀な行動」、「分別を欠いた暴挙」という批判の姿勢は同じだが、「その動機においてはかなり純真なものに発しているように思える」、「他の誰もがしないのなら自分たちがしなければならないといったような犠牲的精神が全学連の学生をとらえていたようである」といった書き方をしている。

また、中学や高校時代の美智子が強い正義感から学校側に反発した行動をとったことなどを例にあげながら、そういう娘のすることに「誇りに近いものを感じてきた」として、「実は私じしんも新安保条約には反対だし、そういう意見も主張もしている」と、先の手記では書かなかったことを披瀝している。

「新安保条約が軍事同盟に通じるものだし、世界の雪どけがはじまろうとしている今、なにもいそいで条約を締結する必要がない。国内の世論にしてもかなり強くその方向に傾きかけているだけでなく、民主的勢力は強力な反対を打ちだしている」として、岸首相ら全権団の出発時刻がなかなか発表されなかったり、国道を避け泥道を通って空港に行くなど、「報道陣のもの笑いの種になったばかりではなく、海外にも報道されて世界のゴシップの種になった」などと矛先を政府に向けている。先の手記からわずか一カ月後のこの変化は、世論の動きとも関係しているようだ。

当初、新聞等のマスコミは羽田事件に対して非難合戦を繰り広げた。「ハネ上りども」「革命気違いども」「赤い暴れん坊」「ヤクザ学生運動家」などなど。安保に反対する総評や社共両党からも排撃され、全学連は孤立した。

ところが、思いがけないところから全学連の肩をもつ人びとが現れた。二月七日、学習院大学教授清水《しみず》幾太郎《いくたろう》の呼びかけに応じた作家の阿部知二と石川達三、東京教育大学教授家永三郎、評論家の亀井勝一郎と中野好夫、慶應義塾大学教授務《む》台理《たいり》作《さく》の七人が「諸組織への要請」というアピールを発表したのだ。

のちの言動からみるとおや？　と思う人もあるだろうが、このアピールにさらに多くの大学教授らが署名して、全学連主流派を応援した。既成の政党・組合などの諸組織は、国会乱入以来、国民大衆の間に高まっている新安保条約反対の巨大なエネルギーを、有効に組織する政治的指導性に欠けていると断じ、「有力な諸組織の指導部は、増大する全国民的エネルギーに向って『……をするな』と説くことのみ多く、エネルギーに適合した方法で『……をしよう』とよびかけてはいないようです。そして、そこから生じた爆発的結果については、大切な味方である勢力に非難をあびせるのみであって、かえって、広汎な戦線に分裂を招いているように思われます」（『資料　戦後学生運動　五巻』）として、社会党、共産党、総評などにこの文書を配布して検討と反省を求めた。

共産党はただちに反論して、安保反対闘争は長期を要するものという見解を示した。また、文化人らが全学連を「大切な味方」ととらえたのに対し、共産党は「トロツキスト」と断じ、「人民の敵」と非難した。

全学連内部の混乱

全学連主流派に追い風が吹き始めた六〇年初頭、全学連の支配権をめぐって反主流、つまり代々木派が巻き返しをはかる。それまで全学連の執行部をほぼ独占してきた主流派が、羽田闘争で唐牛委員長をはじめ多くの被検挙者を出して弱体化。当初から戦術面で食い違いがありながら、ここまで手を組んできた革命的共産主義者同盟（革共同）が羽田闘争を批判したことで、主流派内の混乱に拍車がかかった。

全学連内部の混乱については、羽田事件直後に『毎日新聞』（十一月三十日付）が「どこへ行く全学連」で指摘している。

主流、反主流両派が各大学自治会でオルグ合戦を繰り広げており、反主流派の代表者会議に「いままで表立って政治的な発言に顔を出したことのない立大や慶大（文）までが名を連ねている」と、反主流派の勢いが増している様子を報じ、共産主義者同盟は「極左冒険主義」、革共同は「左翼日和見主義」、代々木派は「右翼日和見主義」と、お互いの間でレッテルを張り、「一般学生」はその周辺におり、彼らは「『我々は革命ごっこをしているのではない。安保改定には反対するが彼らにはついていけない』とそれぞれのカラに閉じこもる」と解説している。

もっと深刻なのは、結成から一年余、ブント内部に早くもほころびが見え始めていることだ。結成当初から見れば同盟員数は激増し、地方の大学や労働組合にも細胞ができている。これら多くの細胞のうちでの最強は、言うまでもなくブントの生みの親である東大細胞。学科を卒業した院生と研究者、本郷学部学生、教養学部学生（駒場）の細胞がある。

これらの組織が羽田事件で大きな打撃をこうむった。各学部の自治会など表の活動家がおおぜい逮捕されたが、裏で支えているブントの本郷細胞もボロボロになった。

活動家を警察にもっていかれたというだけでなく、本郷学生細胞の一部が執行部の戦術に異を唱えるようになったのである。

本郷細胞の分派闘争は、五九年一一月の国会突入事件のときから、もう始まっていたというのは、五九年一〇月から六〇年五月まで、美智子とともに正副委員長として文学部学友会の指導をまかされた道広容倫。同期生より二年遅れで卒業後、高校教師になったが中核派の活動で逮捕されて職を失い、その後は苦難の途を歩んだ。現在は、退職して読書三昧の日々である。

道広はわたしに貴重な資料を提供してくれるとともに、たび重なるインタビューに誠実に応じてくれた。また、美智子の遺稿集を繰りかえし読んで、彼女のまっすぐな魂に触れた思いや、活動を振り返った反省などを書きとめた日記風手記を提供してくれた。「樺さんのことを若い人に伝えてほしい」という切なる願いを添えて。

道広によれば、国会突入で葉山岳夫が本郷に籠城したとき、葉山を守るか否かで東大細胞の方針が割れた。さらに羽田動員に対しても反対意見が強かったのに道広らは強行。結果、多数の検挙者を出したが、警察に大物と判断されなかったのか、道広は検挙されなかった。一人残された道広は、「ただちに抗議の無期限ストというウルトラ左翼の方針をかかげて、スッテンテンに浮いてしまって、総批判――私のリコールを含む――を受けた」という。

そのようななかに戻ってきた美智子は、副委員長という立場から必死で組織の立て直しに動く。生来の責任感の強さからで、両親や救出に動いた教官らの願いとは逆に、ますますのめりこんでいった。「彼女が、これまでの不必要なまでの控え目な態度を捨て、文学部学友会の再建を一身に背負って立つ覚悟をきめたのは、このときからである」（『友へ』「今や来ぬいざ復讐へ」）。

それをいいことに道広は第一線から退いた。三年生のとき、ほとんど講義に出なかったため四月に四年に上がれなかったのもこたえた。東大の学生活動家の多くは中流家庭の出身だが、岡山県の漁村の出である道広は奨学金とアルバイトでかろうじて学生生活を維持していた。進級できなかったために奨学金を打ち切られ、「さしあたって食うのに困り、デモに行くたびに破かれたためにワイシャツが一枚きりしかなく、着るものにも困るようになり」アルバイトに精出さざるを得なかった。「俺は貧乏人なんだ、まず食わなければならないんだ、というひらき直りだった」。

西洋史学科選出の学友会委員だが、前衛党を名乗るブントや、分派闘争に巻き込まれるのを嫌い、やや距離をおいていた北原敦は、こんな観察を洩らす。

「道広は委員長というタイプではないですね。意志の問題じゃなくて性格的にね。だけどブントのなかの割り振りで委員長になって、でもなった以上はやらなくてはならないというか……だけどうまくいかなくて、離れていくということがあって……そういう激烈な分派闘争の中で樺さんもいろいろ考えていたでしょうが、人前で悩みのようなことを話す人ではなくて、いろいろな選択肢があるなかで、やはり前へ前へ進んでいくという形であらわれてきたのを、周りの人は神がかったというふうに受け取ったんでしょうね。六・一五のときだって、女子はうしろへと言われたのに下がらなかったと言われていますが、そういうことで離れる人ではないですからね」

美智子は文学部学友会副委員長であると同時に、ブント本郷学生細胞の文学部班キャップという重い立場にあるが、指導部の戦術争いのなかで苦悩する。家ではいつも、母に心配をかけまいとして明るく振舞い、決して泣き顔を見せたことがなかったという美智子が、声を殺してむせび泣いていたという母の証言はこの年の春ごろのことである。

駒場時代から親しく、本郷にきてからも、文学部史学科東洋史専攻で、学科委員もしていた榎本（のち長崎）暢子の証言は、少しニュアンスが違う。「一個の指導者である以上、さまざまの批判のあったことは止むを得ないであろう。しかし、よくあることだが、その批判が、問題をすべて彼女の個性に帰そうとしたり、女性であることにすりかえられようとしたりしたときには、私でさえ、激しい憤りを覚えたものだ。あんな言い方をされたんじゃ、辛いだろうな、と私はよく思った」（『友へ』「樺さんと共に」）。

「個性」や「女性」であることに問題がすりかえられた、というのはどういうことか、具体的なことはわからない。しかし、女が指導者として男性優位の集団で組織をまとめる難しさは、想像に難くない。榎本は卒業後、東アジア史研究者の道を歩み、『ガ

ンディー　反近代の実験』などの著書がある。

ガリ切りと会費集め

鶴見俊輔が、樺美智子は「自身の属する急進派の集団の内部においてもまた、戦後日本全体を指導する年長の指導者たちに対しても、男性の指導に服するという習慣から自由でした」（『戦時期日本の精神史』）と書いているが、そうだろうか。

何度目かの取材のとき、道広が「樺さんは、なんでいつもガリ切りばかりしていたんだろう」と呟いた。国史学科研究室の職員も、美智子が朝早くから夜遅くまで、ガリ切りをしていた姿を印象に残している。地味で根気のいる仕事を、四年生になっても、もくもくと続けていたというのだ。学科委員として、学友会副委員長として、みずから書いた文章だけでなく、他の人のも引き受けていた。

ブント書記局が出す機関紙『戦旗』は活版刷りで、新宿区江戸川橋の事務所に活字箱を用意し、しろうと編集員たちが植字をした。ここにも美智子はしばしば顔を出して、活字拾いをしていたという。ブント中央委員らが執筆した文章を片手に、何千字もある活字箱から一文字一文字拾って組んでいく作業は、これも忍耐力を要求される作業で、専門の植字工を女性同盟員が手伝った。それを組み版に仕上げ、オートバイに乗せて印刷所に出発したところで転び、また初めから拾いなおしということもあったという。

ブントには経営局もあり、資金管理をしていた。その末端の仕事は、同盟費や『戦旗』の紙代集め。ブントの労働者対策や機関紙編集をしていた栗山武が美智子に最後に会ったのは六〇年四月、都自代（都内の大学の自治会代表者会議）の集まりで、『戦旗』の紙代集めをしていたという。

美智子の遺品に、名前と日付、金額だけが記された大学ノートがあり、ブントの同盟費を管理していたことがわかる。東大本郷のなかを学部別、学年別に分け、早大、明大、中大、お茶大、東女……と他大学にまで及んでいる。六〇年春ころのノートと推測できる。

こうしてみてくると、ブント草創期からの中心的な活動家といわれながら、美智子はひたすら党を下支えする雑務を担当していたことがわかる。本人が志願してのことかもしれないが、指示を出すのは男、それを忠実に、とどこおりなく実行するのは女、という棲み分けができていたのだろうか。北海道大学で唐牛健太郎の先輩で、上京してブント事務所で働いた今井泰子がこんなことを書いている。

「当時の学生運動に集まった男たちが、女に抱いた期待はわずか——少しの事務能力、集金能力、政治を考える力、それより何より男たちと恋をする情熱、そのぐらいであったろう。近代の革命運動のリーダーには、『未来の女性』について相応のイメージがあるのが普通だが、日本男性にはそれはなかった。掲げられた目標は『人類の解放』でも、実際に求めたものは昔ながらの『男のロマン』、そうであったにちがいない」（『60年安保とブントを読む』「ブントのフェミニズム」）

ブントは自由な集団で、誰が上でも下でもなく手があいてる者が雑用をした、と幹部だった古賀康正は言うが、そうだろうか。ブントも、安保闘争期の全学連や都学連も役員は全て男で、女は女子大の代表が常任委員に名を出しているだけである。

道広が離れた文学部学友会を立て直すために、美智子が起草したとされる文章が『人しれず微笑まん』に引用してある。二月二三日付「学友会委員会報告」で、ワラ半紙にガリ版刷り。

まず、「学友会委員会並びに学友会全体の活動が、この二日、非常にタルんだ状態にあり、そのままずでに春休みに入ってしまっている責任の大な部分が常任委員会にある」ことを認め、その立て直しに精いっぱい努力するので、「学友会委員全員の協力を要望する」。続けて安保条約をめぐる国会の動きを述べ、四月冒頭から安保審議は白熱化し、衆院での闘いがクライマックスになるから、それに合わせた「全学連の方針」と「学友会としてはどのように闘うのか」という基調報告に対して四時間にわたって行なわれた討論の結果をまとめている。

そして、みずから立ち上げた安保批准阻止対策委員会で春休み返上で活動する。しかし、すでに文学部の学友会組織はがたがたになっており、その立て直しがうまくいかない責任を感じて一層ラディカルな発言、方針を出すことになる。

道広の目に映る美智子の印象ががらりと変わった。

「六・一五より数カ月前からの樺さんは、（略）自分自身にいいきかせ、その結果として自己の決意表明を述べる、といった式の発言とはちがって、その発言は相当煽動的になり、演技的になったように思う。（略）ある意味で非常に魅力的になってきた。『樺さんが神がかってきた』というようなことを当時、何人かの人がいったのを耳にしたように記憶しているが、この辺の変化のことを指しているものと思う。私自身は、『樺さんが急に遠くに行った』ような変な違和感を持ったのを記憶している」（『友へ』「今や来ぬいざ復讐へ」）

あるときは強引ともいえる手法で周囲を説き伏せ、巻きこみ、そうすることでむしろ孤立感を深めながら、悲愴なまでに思いつめて六月一五日まで突っ走る。

このころの美智子について、「あまりにまっすぐで、どこかで暴発するんじゃないかと危惧を感じた」と言う上級生がいる。「まるで死に場所を求めていたようだったな」とは、経済学部所属で都学連執行委員をしていた田中一行。

榎本暢子も、「彼女はまじめというだけでなくて、普通の人だったら、疲れてくると嫌な発言とかするじゃないですか。あれだけいろんな活動をしていれば、どこかでボロが出るわけだけれど、彼女はそういうことがなかった。よっぽど自分を抑えていたのか、非常に深いところで、いろんな人のことが判っていたのか……。逆にボロを出さないから、なかなか親しくなれないというか。だから、ある意味では非常に孤独だったんじゃないかと、わたしは思います」と言う。

史上空前の静かな大請願

四月二六日、第一五次統一行動の最終日、通常国会の期限は五月二六日。したがって四月二六日以前に衆議院を通せば、一カ月後参議院での条約自然承認が成立する。自民党政府は強行採決の機会をねらい、国会はいやがおうでも緊迫した。

清水幾太郎は、「いまこそ国会へ―請願のすすめ」（『世界』四月号）で、「手に一枚の請願書をたずさえた日本人の群が東京へあつまって、国会議事堂を幾重にもとりまいたら、また、その行列がつきるところを知らなかったら、そこに、何物も抗しえない政治的実力がうまれ」、それによって安保をつぶし、日本の議会政治を正道に立ち戻らせることができると説いた。これに応じて直接国会請願をめざす市民団体も増えた。

国民会議は当初、社会党や総評は国会への集団抗議を主張したが、共産党が反対したために、「朝からの請願・夕方の集会・夜間のデモ行進」という穏健な方針になった。かくて国会で受け付けられた請願書の数は約一四万通、署名者の数は約一三三万人にのぼり、前日までの請願・署名者数を加えると、それぞれ一七万通、三三〇万人となり、史上空前の大請願を現出した。ところが、国民会議の決定により、請願者は赤旗を持つこともプラカードをかかげることもなく、請願を終わった者は集会へ、集会を終わった者はデモ行進へ整然と流れていった（信夫清三郎『安保闘争史』）。

全学連だけが、またもや国民会議の指導に従わなかった。国民のエネルギーは議会主義の枠のなかに収斂《しゅうれん》されている。「四月こそは決戦の時期である。新安保条約粉砕のため、あらゆる力を投入して闘う」（第四回共産主義者同盟大会宣言）と再度の国会突入を決定したからだが、全学連が一致してそれを支持したかといえば、先に書いたように学連指導部の中心である東大本郷と駒場の一部が過激な方針に異を唱えた。それでは無党派の学生たちがついてこないと。島成郎は彼らを必死で説き伏せ、当日の指導を全学連委員長唐牛健太郎に任せるという合意をようやく取り付けた。
「ただ国会の周りをグルグルとまわる『平和的』なデモでは駄目だ。完全に国会を包囲し圧倒的な大衆の面前に議員たちを曝し白日の監視におかなくてはならぬ。国会構内を何万の人々で埋め尽くし、座りこみ、ここから労働者にゼネストを訴え市民に直接行動をよびかける。そのためには国会の門を開かねばならぬ。十一月の経験から警察は急拵《ごしら》えの装甲車でバリケードをつくり防備を固めている。／さらばいかにこれを乗りこえるか」（『ブント私史』）
当日、チャペルセンター前には約一万人の学生が集ったが、そこでまた戦術会議が始まった。目の前には装甲車やトラックが三重に並べられ、その向こうに鉄かぶとの機動隊が黙々と黒服のバリケードを作っている。戦術会議が長引き「われわれは装甲車に請願にきたのではない！」という怒号が飛ぶ。
それを合図に羽田事件から保釈された若くて元気な唐牛健太郎、続いて社学同委員長篠原浩一郎が、前日、韓国で李承晩大統領に反対する激しい抗議行動が起こったのを例に引きながら、日本の学生も負けられないとあおる。直後、唐牛が、続いて篠原が、装甲車をよじ登り機動隊の群に飛び込み、国会正門に向って突撃した。何千人もの学生や労働者が続いた。その主流は中央大学、明治大学などの元気な学生で、東大は分裂した。

待ち構えていた警官隊は殴る、蹴るの実力行使に出て、唐牛ら全学連幹部は逮捕され多くの怪我人が出た。飛び越えるのを阻止された学生たちが国会正面に座り込む。それをまた警官隊がゴボウ抜きにするという修羅場になった。

美智子も東大文学部の仲間たちとこの集団のなかにいた。「樺さんも装甲車を乗り越えた」と証言する人もいる。

光子が二六日夕方のできごととして書いている（『死と悲しみをこえて』）。この日、次兄茂樹が転任のため夕方の汽車で東京駅を発つことになっていたが、見送りにくるはずの美智子がなかなか現れない。

「やっと出てきた姿を見て私はびっくりしてしまった。レインコートを着た姿だったが、背中に大きな手の跡がついている。足許を見て一層おどろいた。そのはいている白いカンパ《ママ》ス・シューズは泥によごれている。いかにもデモの現場から駆けつけて来たという様子だった。／でも何とタイミングがよかったのだろう！私など呆れて、ものもいえず見ていると、兄が汽車のステップの上から見つけて、『ああ！無事か！気をつけろ‼』と、鋭くにらんだ。その声を待たずに汽車は動き出し、見送りの人たちが万才を叫ぶ。娘のことを私が腕を伸ばして捕える。全く一瞬の間に無事に見送りがすんだ」。兄と妹の対面はこれが最後になった。

「どうしたの？」と聞く母に美智子は、靴を履きかえる時間がなく、兄に気がつかれないようぎりぎりまで隠れていて、汽車の発車間際に姿を見せたのだと言った。その日まで何日も美智子は帰宅せず、しかし、羽田事件のときのように母親を心配させないよう電話連絡だけはしており、見送りにくるのはわかっていたのだという。「その日の娘のからだには紫の痣が沢山あった」。

のちに学友から、国会のなかに入った学生と、入れずに外に座り込んでいる学生とが警官隊に分断されて連絡がとれずにいたとき、美智子が危険をおかして連絡に来てくれて助かったと聞かされた。背中の大きな手の跡や紫の痣はそのときにできたのだろう。

二人がお互いを気遣いあうこの場面を読むと、美智子と母はある種の共犯関係にあるようにも見える。光子は娘があいかわらず運動を続け、それが極度の緊張状態にあることをひしひしと感じつつ、娘に行くなと言えずにいる。娘は母にすまないと思いつつ、運動に縛りつけられている。夫は別宅に住み、長男は仙台、そして次男も転任して東京を去り、光子は独り心配を胸に抱えこむ。

やがてメーデー。光子は娘の姿を求めて街頭に出た。

「路傍にたたずんでいた私の目に、娘のスクラムを組む姿が飛びこんできた。顔を伏せた学生たちの靴の音ははげしくひびいた。おどろくほどの人数と、旗の波があとからあとから潮のおしよせるように続いた。／『安保反対、アンポハンタイ』のかけ声は街にこだまして、空へまいあがった。／歩道を埋めて立ちつくす人びとの目も輝いていた。そして、その数も例年に比して何倍かの数だった。／娘のスクラム姿を見たのはこれが最後だった。ブルーライトの東大文学部自治会の旗の長いすそが娘の黒い髪の上を何度もなぜて、私がみつめている姿をその度にかくした。私は動く気力もなくたたずんで、心に残るその影を追ったのだった」（『死と悲しみをこえて』）

もの静かで礼儀正しい学生

東大本郷キャンパスの正門を入ってすぐ右側が文学部の校舎で、現在も当時とほとんど変わらず、古色蒼然とした姿でどっしりと構えている。国史研究室の部屋は、ここに五〇人近い人びとが出入りしていたとは思えないほど狭い。当時の教授は三人。近代史は助教授の下村富士男の担当で、美智子の卒論の指導教官だが、アメリカに留学していて、美智子の遭難後に帰国している。

他に助教授が一人。講師と助手が各二人、大学院博士課程と修士課程の者がそれぞれ一〇人くらい。学部学生が三、四年生合わせて二十数人。教官は講義の日だけ出勤するが、教授といえども個室はなく、荷物を置いて講義に出る。

常時いるのは助手で、院生と学部生は、ひんぱんに研究室に出入りする人とそうでない人に分かれる。美智子はしばしば顔を出し、先輩の院生に熱心に研究上の質問をした。四月以降は学科学生の話しあいが増えたためによけい出入りが激しかったようだ。研究室で徹夜でビラを書いたり、方針を練ったりした、そのままの姿勢で机に突っ伏して寝ている姿を朝早く出勤する事務職の女性が目撃している。つねに礼儀正しく、先輩や教官とすれ違うときは、静かに黙礼する姿を誰もが記憶している。

国史学科には、研究テーマによって、古代、中世、近世、近代と四つの時代別研究会がある。学生はみな、いずれかを選択することで、教官や先輩たちから指導やアドバイスを受けながら、研究の第一歩を踏み出すしくみになっている。

専門課程は二年しかない。その期間に研究テーマを決め卒論を書くには、自身が選択した時代の講義には熱心でも、他はおざなりになりがちだが、美智子は近代以外の講義にも熱心に顔を出した。

静かな印象の反面の芯の強さは、教官や先輩たちを驚かせた。近世史の岩生《いわお》成一《せいいち》は、教養学部から本郷へ進学する学生の「振分け」委員会に出席したとき、国史進学希望者のなかに学生運動に熱心な女子学生が二人いることを知る。美智子と星佳子である。学生の姓名を覚えるのは苦手だが、美智子の姓が珍しく、また父親の著書を知っていたので記憶にとどめた。「私はいかつい、はげしい女子学生闘士を予想していた」が、進学者のオリエンテーションで初めて会ってみると、「私の予想は全く外れて、進入早々でもあったか、控え目なしとやかな普通の女子学生の様に思われた」。ゼミに出席した美智子と帰り道を一緒に歩いたことがあり、岩生は文学部学生大会の有り方や学生運動について意見を述べ、若干の質問もした。美智子は多くを答えなかったが、「少い言葉の節々から可なりラディカルなものが汲取れた」。

その後羽田事件で逮捕され、割合に早く釈放されてほっとしたが、六月一三日、国史研究室で声明を出す討議のとき、改めて美智子の強さを確認することになる。

岩生がこう追憶しているのは、『国史研究室』九号。一年に一回刊で、六〇年一二月刊行の九号は樺美智子追悼号で、教官と学生がそれぞれ彼女との関わりや思い出を綴っている。以下の引用はこれによる。

国史学科研究室には、教官、助手、大学院生、学科学生と、立場に応じた会があり、それぞれが定期的に会合して折々の問題を話しあう。それらをとりまとめる学科協議会が隔週に行なわれ、さらにこれを統合するのが文学部協議会である。

学科学生の会は学科自治会と称し、各学科自治会を統合するのが学友会で、定期的に学生大会を開いて方針決定をする。学生も教官も幾重にも組織されたしくみのなかで、意見を言えるようになっている。自治会民主主義というわけで、その場に出ていくかいかないかは、もちろん個人の自由で、安保闘争で研究室内が落ち着かないのを嫌って、ほとんど顔をださない学生もいた。

文学部学友会の末端組織である国史学科の三、四年生二十数人による学科自治会の会合は定期的に開かれ、安保反対運動にどう取り組むかを協議している。中心になったのは、道広と美智子である。二人は自他ともに認める活動家だが、そうではない国史学科の同級生たちの美智子に対する見方はまた違う。

勝保鎮夫《かつまたしずお》によると、クラスは比較的まとまっていたが、道広と美智子が学友会を仕切るようになってから溝が生じた。「学科討論においても、樺さんは上からの指令を持ってきて、それを固執しつづけるだけだった。樺さんが前にもっていた幅の広い柔軟性は全く失われてしまった。この樺さんの態度の変化は安保斗争の急迫化などのいろいろの原因が考えられるが、その原因の一つに樺さんが運動の中における責任を個人の倫理的責任におわしていたことが考えられる。私は副委員長であるから学科討論においても個人的見解を述べるべきではない。他の活動家が働いているのだから副委員長たる自分は授業に出るわけにはいかない等」。

とくに羽田事件以降は副委員長としての「責任感が一種のあせりとなって一層ラヂカルになっていったように思われる。（略）学友会の同じ立場の委員でさえ樺さんを敬遠しているといった状態になり、学友会の中ですら孤立していく様子が僕達にも感ぜられるようになってきました」。

美智子の態度が「セクト主義者・公式主義者」という批判に該当するかどうかを慎重に留保しながらも、安藤達朗《あんどうたつろう》の意見はこうだ。四・二六に向けて、学友会が分裂するなかで、美智子は「決定的な誤謬」を冒していたとする。「彼女が共産同の一員として活動するかぎり、彼女の意欲と現実の活動とが全く二律背反のものとして現われてこざるを得なかったからである」とブントの方針をそのまま持ち込んだことを批判している。

こうした批判が大勢をしめたのだろう、五月に行なわれた国史学科の自治委員選挙で美智子は敗れ、代わって市村佑一と星佳子が選出された。

学友会の委員長・副委員長の任期は原則として半年。だから、副委員長の解任は折込みずみだったが、学科委員は引き続き務めて、学友会での発言権を確保するつもりだったのだ。新しく選ばれたのが、戦術面で対立してきた第四インターナショナル（通称四トロ）に属する活動家の星佳子で、惨敗といっていい結果に落ち込んでいたという。そのショックゆえに、六月一五日にはガムシャラに突っ込んだという観察を洩らす人もある。

これで美智子が運動から離れたかといえば、そうではない。近しい人たちに「副委員長を解任されてほっとした」と洩らしながら、それは表の役職がなくなっただけで、裏の任務、ブントの文学部細胞キャップという役職はそのままであった。

このころから卒論のための勉強にシフトしようとしたふしがあるが、五月一九日を境に運動の局面が大きく変わった。これまでの行きがかりからも、からだを張った闘いを続けることになる。

夕方の雑踏のなかで微笑む

教養学部時代の美智子と活動をともにし、考えをぶつけあい、ともに共産党に入党したが、美智子が党を離れてブントを選んだとき、党に残った手塚英男は、一年遅れて六〇年四月に教育学部の社会教育専攻コースに進学した。学生運動は続けているが、主流派と反主流派に分かれて二人が親しく触れ合う機会は失われた。最後に出合った場面が『酔十夢』に印象深く描かれている。

五月の夕方、主人公が映画を観ての帰り、渋谷の雑踏のなか、信号が変わって横断歩道を歩き始めた。

「それは、まったく突然だった。対向の群衆のなかから、湧きだすように彼女が歩み寄って来るではないか。母親らしい年配の女性と腕を組んで近づいて来る。雑踏のなかで、夕日を背に二人の存在するそこだけが切り取られ、アップされて迫って来る。

同伴の女性は多分、いや確かに母親にまちがいない。お似合いの母娘だ。母の力は、娘を解き放ち、軽やかにさせる。新セクトの事務局員として、羽田闘争で逮捕され獄中に縛られた活動家として、文学部学友会の副委員長として、いつも見せる厳しい表情ではなかった。ちがうデモ隊のなかから私を射る冷徹な眼差しでもなかった。母親と買物の話でもしているのだろうか。なんと温和で、嬉々とした年頃の娘の素顔なのか。

対向の群衆が接近し入り交じった時、彼女は私に気づいたようだ。私に向けた瞳が見開き、そしてゆるんだ。（略）すれちがいざま、彼女はまともに私に顔を向けた。掌をさし延ばせば届く距離だ。近々と真正面に見る彼女。口元に笑みがほころんだ。右の掌を腰に当てていっぱいに開き、さよならというふうに小さく振った。口元から頬へ、微笑がゆっくりとふくらんだ」

絵のような風景である。もちろん、「彼女」は美智子。手塚は、「小説ですが、あの渋谷の雑踏の場面は事実です」とわたしに言った。雑踏のなかで、母と腕を組んでいる美智子。高校時代、神戸三宮の繁華街で父とも腕を組んで歩いた。彼女独特のスキンシップなのだろう。

年ごろの娘らしい素顔を手塚に目撃されたこの日、美智子は母と青木和夫を訪ねた帰りだった。羽田事件のところで述べたが、青木は美智子の両親と釈放運動に走りまわったせいで、樺家と親しくなった。六〇年四月、山梨大学助教授になって東大を離れ、美智子の動向を気にしながらも疎遠になっていた。

「五月のなかばのある晩、母上と二人が突然私の家にみえたときの樺さんは、たいへん明るかった。母上が心から嬉しそうな御顔で『美智子も、学友会の任期が終わりましたので、これから卒論の勉強をはじめるといっておりまして』とおっしゃる。あいかわらず口数は少なかったが、樺さんは明治維新をえらんだことを話してくれた。私も勉強上の注意めいたことを話しながら、なにか嬉しくてしかたがなかった。だが五月十九日まで、それから数日となかった」（『人しれず微笑まん』）と書いているのは、運動を離れて勉強に専念するどころか、指導者として現場にとどまらざるをえない状況になったことを美智子のために惜しんでいるのだ。

青木は、美智子の死後、遺稿集の編纂にも力を注ぐことになるが、彼女の表情を古代史学者らしく、「下唇を噛んで、ちょっと興福寺の八部衆の誰かに似た表情をする樺さんの眼」と表現している。興福寺に行けば樺美智子に会えるだろうか。

市民も一般学生も街頭に

国会会期のタイムリミットが迫るにつれ、抗議行動が盛りあがってきたのを見て、五月一九日、政府は新安保条約を衆議院で強行採決した。警官四〇〇〇人を配置して国会を封鎖するとともに、院内にも警官隊を導入して社会党議員団の座り込みを排除して単独採決した。

この緊急事態に国民が怒った。それまでは新条約の中味がよくわからないまま、意見の表明をためらっていた人びとが、議論を尽すべき国会が暴力で踏みにじられたことに民主主義の危機を感じたのだ。「安保反対」のスローガンにこの日から「岸内閣即退陣」「岸倒せ」が加わった。

岸信介はあの悲惨な戦争を起こした東条内閣の閣僚の一人で、十数年前まで巣鴨刑務所にいたA級戦犯ではないか。岸内閣に任せていては、また戦争に引きずりこまれる。そう危惧したのだ。「民主主義を守ることと安保改定阻止を抱き合わせにしてはいけない。歴史的にいえば、安保改定阻止のほうが先であるが、論理的にいえば、民主主義を守りぬくことが先決である」。都立大学教授の竹内好が職を辞して「民主主義を守る全国学者・研究者の会」を立ち上げ、運動の理念を説いたのも説得力があった。

国民会議のデモのうしろに、今まで運動に縁のなかった一般市民や商店主や主婦たちが任意に集まり、その群集は日に日にふくらんだ。連日の国会デモにもかかわらず、岸首相は「（反対運動に）今屈したら、日本は非常な危機に陥る。〝声なき声〟にも耳を傾けねばならぬ。今のは〝声ある声〟だけだ」と記者会見で応じた。これを聞いて三〇歳の画家小林トミは、六月四日、「誰でも入れる〝声なき声〟の会」という旗を作って、国民会議のデモのうしろについた。出発地を出るときは二人だけだったが、路上から次つぎに市民が参加し国会に着くころには三〇〇人の長い行列になっていた（小林トミ『「声なき声」をきけ』）。

一般学生も街頭に出た。改定安保条約の中味を理解したとはいえず、主流派と反主流派の区別もよくわからないままの学生も多かったけれど。

五月一九日以降、雪だるま式という形容詞がぴったりの国民運動となり、スケジュール闘争はあってないようなもので、五月二六日は「空前の国会デモ」で一七万人が集ったとされる。

それなのに、ブント指導部はこのとき壊滅状態だった。四月二六日、さらに五月に入ってからも国会や首相官邸に突入して幹部クラスが捕えられ、街頭から姿を消し、しかも、内部対立は深まる一方。方針が出せなくなっていた。

五月二六日、一万八〇〇〇人にのぼった主流派のデモ隊を指導して逮捕された都学連副委員長の蔵田《くらた》計成《けいせい》（早稲田大学）は、「五月一九日に強行採決があって、一カ月後には自然成立するので、学連としてはこの辺できれいに終らせて、あとは日共との闘争をどうするかという戦術を提起することになってたんだけど、そのころから世の中は逆になって、二六日は大抗議集会になった。ぼくは宣伝カーに乗って、お昼から夕方までぐるぐるぐるぐるまわって、みなが消耗するのを待つというか……そういう邪悪な心も出てくる。三日後に集会の責任者として高田馬場で捕まったとき、これで痔の手術ができると思ったもの」と話す。幹部は疲れはてていたというわけだ。

それでも一部は、五月二六日には国会に、六月三日には首相官邸突入を試みている。国史学科の勝俣鎮夫は五月二六日の国会突入のとき、めがねをこわされた友人に「要領が悪いなあ、いざ突入という時には、スクラムをはなれて、サットどけば平気さ」とジェスチュアー混じりで話しているのを美智子に聞かれてしまった。

六月三日、首相官邸に突入するとき、「いつのまにか樺さんが僕のとなりにきて、ムンズとスクラムを組んでしまった。しまったと思ったが、いくらオクビョウな僕でも、いやしくも女性に腕を組まれては、それをふりほどいて逃げだすことは面目上できかねた。突入の前から三列目で門内の装甲車の後には、警官がギッシリつまって、まちかまえているし、後からはドンドン押してくるし、全く泣きたい気持だった。幸い装甲車の後のトラックにさえぎられて、十米ぐらい進んで引返すことができて、ホウホウのていで逃げ出すことが出来た」と書いており、美智子がひるむことなく突っ込んだことがわかる。

このころ東大細胞で指導権を確保しつつあった、一年上で理学部卒業の長崎浩に、「樺さんは理論を深めようとしていましたね」と言うと、「そういう気持はあったかもしれないけれど、どちらかというと肉体派ですよ」と返ってきた。六月一五日も恐らくそのようにして突っ込み、帰ることがなかった。

死の二〇日前の激写

『人しれず微笑まん』冒頭のグラビアに美智子のスナップや葬儀の写真が掲載されている。うち二枚にそれぞれ「文学部研究室にて写す、死の20日前」「文学部研究室にて1960．5．27」と説明文がつけてある。

同じ日に撮影されたもので、この二枚といい、死の数時間前に『マドモアゼル』誌が撮影したデモ真最中の写真といい、死の直前の表情が紙に焼きつけられているのは、奇跡といっていい。そもそも活動家は、写真を撮られるのを嫌った。

しかも当時、写真機は高価で、持ち運ぶにも重く、写真を撮る（撮られる）のは、行事や旅行など非日常のできごとでもあった。

写真撮影が好きで、高価なカメラをしばしば研究室に持ち込み、先の二枚の写真を撮影したのは、国史学科大学院生だった加藤栄一。研究室のメンバーの顔写真はたいてい撮っているという加藤はこの日もカメラを持参していた。

白っぽいジャケットを着ている美智子が、名前を呼ばれてうしろを振り向いた瞬間をとらえてシャッターを押している。ごくしぜんな表情が美しい。

「桑山浩然《くわやまこうねん》君（院生）という人がね、樺さんの写真を撮りたいんだけどなかなか撮らせてくれないって言うもんですから、写真っていうのはこうやって撮るんだよって……僕が撮ったのがこれです」

もう一枚、書棚の前で分厚い本を開いて何か説明をしているらしい男と、その話を聞いている美智子の後ろ姿が写っている。これは桑山がシャッターを押したもので、男は加藤である。

岩生ゼミのためだった。当代記をテキストにして、江戸幕府草創期の諸問題を出席学生が輪番でレポートし、それを中心に討論するという授業形式。美智子はたいてい隅のほうに座って静かに聴いていた。四年生の四月からは、『長崎夜話草』をテキストに近世の海外交渉史がテーマになり、美智子は討論にも積極的に参加し、六月八日にはレポーターを担当した。

このレポートのために、史料の扱いについて美智子は加藤の助言をあおいだ。のちに東大史料編纂所教授になる加藤が海外貿易史を研究していたからで、写真を撮ったその日も、原紙に切った史料を光に透かしながら、熱心に質問した。加藤は、それぞれの史料の性格の違いを説明して、「史料が作成される時の論理を捨象し、各々の史料に現われた事柄のみを単純に比較するのは全く無意味である」と話したのを、美智子は唇を真一文字に引き締めてうなずいていたという。

羽田でハガチー事件

突入を繰りかえすことによっていつか死者が出るのではないかと予想した人もいる。安藤達朗は美智子とこんな話をした。

「5・13の国会突入を下から盛上げてくれないかというのである。『二週間、今度だけそのために使って下さらない?』時間はそう使わなくて済むだろう。しかしそれはできない。と私は答えた。11・27の場合と違って今度は死者が出ることが予想される。死ということに対しては、誰も、どういう形ででも償うことができない。彼女は暫く黙ってから『償うっても、色々あるでしょ』といった。『その人がそれで満足していたら?』だからといって、自分の行動は決せられても、他人を説得することは私にはできない。『じゃ、革命の時は別なの?』私は答えなかった。革命のイメージにも食いちがいがあったろう。としても、答える必要のないことだった」

美智子にしても、激しい突入の経験から混乱状況のなかでの人の死を想像しなかったわけではないだろう。もし死者が出ても、「その人がそれで満足していたら」と言ったのは、自分が死ぬこともありえると考えて答えたことなのだろうか。

六月一〇日、羽田でハガチー事件が起きた。

岸内閣は、一九日にアイゼンハワー米大統領の来日を招請していた。それに先立って、ハガチー秘書が様子を見に来た。国民会議はハガチーの訪日に反対しており、なかでも共産党が「反米植民地闘争」の視点から羽田闘争を強く主張。それまで主流派の過激な行動を非難してやまなかった全学連反主流派と神奈川県評などの労働組合員が弁天橋近くで抗議のデモを展開した。

羽田に降り立ったハガチー一行はなぜか、迎えのヘリコプターを待たず、高速の車で走り出し、この集団と接触。デモ隊は車のドアをたたき、屋根に飛び乗って抗議。身動きできずに立ち往生した一行は、一時間後にようやくアメリカ軍のヘリコプターで救出された。これがアメリカで批判を浴びたことから、新聞はこぞって、お客さまがくるときは内輪喧嘩をやめて、礼儀正しく迎えようという論調になり、世論もアイク歓迎ムードに傾いた。

ハガチー来日の折に行動しなかった主流派はあせった。全学連の主導権を反主流派に奪われてしまうのではないかと。そこで六月一五日、国会に突入する方針で内部統一ができた。蔵田計成は、「反主流派の六・一〇がなければ六・一五はなかった」と言う。別の見方があるかもしれないが。

条約の批准が迫った六月一三日、国史学科も一つにまとまった。夕方、「東京大学文学部国史学研究室」の名で「安保反対声明」を出している。このビラの現物を見ることはできないが、『人しれず微笑まん』のグラビアに掲載されている。

「去る五月十九、廿日の衆議院における日米新安保条約の批准採決の強行は民主政治の基本的原則を根底からくつがえす暴挙であった。このような民主々義の破壊に対し、われわれ東京大学国史学科教官・大学院学生・学部学生有志は一致してこれに強く抗議し、強行採決の白紙還元、岸自民党内閣の退陣、および国会の即時解散を要求する。とくにわれわれは十九・廿日の強行採決を既成事実として現在参議院で行われている新安保条約の単独審議を直ちにとりやめるよう要求する。なお今後も民主々義擁護と学問の自由確立のため一層の努力をすることをここに声明する。

一九六〇年六月十三日　　東京大学文学部国史学研究室」

とあって、最後に氏名が並べてある。写真に最後部が写っていないため、全員の名前が確認できないが、国史学研究室の教官七人、修士・博士課程を合わせた大学院生一八人と、学部生（三、四年生）二一人、計四六人であると、市村佑一が「六・一五前後における研究室・学科自治会の動向について」（『国史研究室』第九号）で報告している。写真に写っていないのは、学生二人ということになる。もちろん美智子の名はある。

教官は病気療養中の坂本太郎をのぞく全員、大学院生も学部生も在学中のほぼ全員とみられる。

声明を出すにいたったこの日の教官と学生の集会時の様子を、岩生成一が書いている。「樺君は最も強硬に激しい口調で意見を述べた。余り激しく独りだけ発言するので、坐長がこれを制して他の学生に発言を譲らせた後で、樺君の強い一面が判った様な気がした」。死をまぢかに控えた美智子のぎりぎりの意思表示ということになる。

この日の夜、文学部の学生大会が行なわれた。定足数に達しないまま、美智子と安藤と国史学科の森本武が並んで座った。そのときの模様を森本の文章から抜粋する。「学友会委員長提案の六月十五日の行動方針に対して、三者三様の挙手がなされました。樺さん達の論理構造は明白なものではありますが、私達平凡な学生の生活感情からは隔絶したものでありました」と、国会突入の提案に賛成する美智子と意見を異にしたことを述べ、それでも、彼女の意見はみなが傾聴した。「それは、徹底的に討論し説得しようとはしますが、相手が理解しえない時には、相手を侮蔑したり感情的になったりする人ではなかったからでありましょう」と結んでいる。

学生大会のあと、委員たちは六・一五にそなえてビラを作ったりする作業で自治会室で徹夜した。美智子は帰宅したが、翌早朝に姿を現した。一四日もデモの予定だったため、黒のスラックスにクリーム色のカーディガン姿だったが、前夜の会議でデモは中止になったため、美智子は疲れている徹夜組に代ってガリ切りを始めた。そのあとは、翌日のデモの打ち合わせで、ブントの会議に出席し、早めに帰宅し、寸暇を惜しんで勉強している。

心配して電話をかけてくる九州の兄に、六月一三日付で手紙を書いている。

「いろいろ心配をかけましたが、この頃は勉強ができるようになりました。六月のうちに卒論に関する準備をまとめて教授に提出しなければなりませんから、毎晩の睡眠時間はどうしても少いことになります。十四日と十五日のデモがすんだら、私はほんとうにおちついて卒論の準備にとりかかれます」（『死と悲しみをこえて』）

国史学科の先輩で、のち近世史研究者になり、『女性のいる近世』などの著書がある大口勇次郎は、美智子にとってもっとも相談しやすい相手だったようだ。一三日、文学部学友会の大会のあと、「卒論のことで相談したい」と言われ、帰り道に話し合った内容を、死後に両親に手紙で伝えており、『最後の微笑』に引用してある。

美智子は、卒論で日本の農民層の分解を明治の地租改正の分析を中心に位置づけようとしていたという。大口に研究の具体的内容についてアドバイスを求めたあと、こんな問答をしたという。

「論文を書いてもいいかしら」

「いいでしょう。お書きなさいよ」

「何のために書くのかしら、私、論文を書くのが自己目的みたいになってしまった」

「初めて書く論文なんてみんなそうですよ。ある程度しょうがないじゃないですか」

「勉強したい時には、勉強していいんですか？」

「勉強したい時には、無条件で勉強していいんだよ」(もちろんこの意味は、デモになんか行かないで勉強しなさい、ということではなく、共産主義者同盟の活動を少しサボって普通のデモにくる学生ぐらいには勉強の時間をとりなさい、という位に通用します。」

「本当に勉強していいのかな？」

先輩活動家のなかには、さっさと学生運動から足を洗い、研究者の道を歩んだり、公務員上級職試験や司法試験の勉強をしている人がおおぜいいる。美智子の真面目さ、ひたむきさが際立つ会話である。

六月一五日、主のいなくなった自宅の勉強机には、『明治維新史研究講座』が開かれたままだったという。

五章 六月一五日と、その後

国会周辺を埋めつくした
死に対する抗議デモ

けれど、闘わなければならない

満二二歳と七か月で命を絶たれる一九六〇年六月一五日、樺美智子の最後の一日をさまざまな人の証言から追ってみる。

反安保運動が予測を超えた盛りあがりを見せるなか、息を詰めるような日々を送っていた美智子は、もともと無口だったのがほとんど家で口をきかなくなったと、母は振りかえっている。

前日の夜、母と娘は珍しく長い会話の時間を持った。できればデモに行ってほしくないと思っている母の心中を察して娘は言った。「『今は何も革命しようというのじゃあないのだ。けれど闘わなければならない。口先だけでキシをたおすなんていったって駄目なのだ』と実際の闘いを放棄して、ただゼスチュアだけで闘っているかのように見せかけている『戦列の仲間達』を遠くにらむような眼をしていった」という。「ほん気でやれば何でもやれるのだということを知ってもらいたい」とも（『友へ　樺美智子の手紙』「私の太陽」）。

ひと眠りしたあと、ほとんど徹夜で机に向かった。このころはいつもそうだった。短い睡眠で昼間の疲れをとり、周囲が寝静まった深夜から朝にかけて勉強すれば集中できる。この日はゼミのレポーターを担当することになっていたから、その準備だったのだろう。

友人の榎本暢子も、「四年生ですからね。みんなそうですけど、デモに行くと時間が無駄になるから、前の晩いっしょうけんめい勉強したんです」。榎本も一五日午前中は国会図書館に行っている。「樺さんはわたしなんかよりずっと勉強してましたよ」。そうして半徹夜を繰りかえして、体力が弱っていたことが、悲劇を招いたのかもしれない。

朝八時、出かける娘の姿を母はすばやく点検した。好きなクリーム色のカーディガンにチェックのスカートを身につけ、本や資料の詰まった鞄を重そうにさげている。授業に出るのだろう。もしかしたら気が変わってデモには行かないのだろうか。母が声をかける。

「デモには行くの」

「行くわ」

「遅くなるの」

「きっと……」

不安げな母を振りきるようにスカートの裾をひるがえして出ていった。

水曜日、午前一〇時からの二限は岩生成一ゼミで、美智子は自らかってでたレポーターの役目を果たした。岩生が書いている。

「樺君は前以って謄写版で刷って置いたリポートの論拠になる史料数枚を列席した学生に配布して、糸割符や鎖国の問題について話した。能く調べてはあったが、林基君の説に依りかかり過ぎていて余り割切っているので、私はその欠陥や私見を述べて、とうとう時間が超過して十二時半過ぎになった。これが樺君と会う最後になろうとは、全く夢想だにしないことであった」

国史学科の同級生三人が目撃した最後の姿。

ゼミ終了後、美智子は読んでいた一級の史学雑誌を安藤達朗にさしだしながら、「研究室に持っていって下さる?」と頼み、安藤が快く引き受けると、そのままビラ配りに出ていったという。

森本武もゼミの部屋から足早に去っていく彼女の姿を見ている。「寝不足だったのか、はれぼったい様な顔をして顔の輪郭がはっきりしていませんでした。討論集会の時とは対照的です。或いは死がすでに彼女を襲おうとしていたのかもしれません」。

常日ごろ、美智子から「歴史は自然になんか動くのではなく、見通しはたたない、そのような事態の重さにもかかわらず全力を傾ける人間によって動きうるのだ」と言われながら、実力行動に出る決心ができないでいた岡田隆夫には、研究室を出ていくとき、「私達は破壊することしかできなくて残念です」という言葉を残していったという。実力行使せざるをえない自分たちの行動に疑問があったのだろうか(いずれも『国史研究室』九号からの引用)。

目立つ鮮やかな装い

ビラ配りのあと昼食をすませ、自治会室でクリーム色のカーディガンはそのまま、下だけスラックスにはき替えている。

神戸高校の同級生山下主一が学内で会ったのは、偶然だった。法学部に学ぶ山下と美智子はふだんめったに顔を合わせない。キャンパス内でデモをする群のなかに美智子の姿を見かけることはあっても、話すことはなかった。

「その日、法経教室で大手企業の就職説明会があったんですよ。商社と鉄鋼メーカーの説明会で、友人たちと参考までに行こうとしてたら、向こうから樺さんがひょっと出てきたんです。アイコンタクトというのがあるでしょう、それですよ。『デモじゃないの？』、『悪いけどデモじゃないんだ。就職説明会、就職説明会……がんばってね』、ちょっと照れくさいもんでね、そう言った覚えがある。わたしは資本主義の奴隷みたいなもんですって、樺さんには言いませんけど、自嘲的に思ったんです。ぼくの記憶では、ベージュのセーターに黒っぽい長いパンツですよ。その日の夜ね、胸騒ぎを覚えたんです。女子学生が一人亡くなったと聞いたとき、彼女じゃないかと思ったんです。女子学生はおおぜいデモに行ってたけど、彼女は日ごろからマークされてると聞いていたし、あのベージュのセーター、鮮やかだったなあ、あれは目立ちすぎますよ」と上着の色の明るすぎたのを強調する。黒っぽい服装の男性集団のなかで際立った姿が死を引き寄せたとでもいうのだろうか。

美智子の当日の姿を確認しておこう。身につけていた衣服については、証言者の記憶によって若干異なる。上半身はカーディガンかセーター、色はクリーム色、黄色、ベージュなど微妙に違うが、母親の証言によるクリーム色のカーディガンが正しい。家を出るときはチェック柄のスカートで、午前中に講義を受講していたときもスカートであったことを、友人たちが記憶している。

授業が終わり、自治会室に置いてあるパンツにはきかえている。当時はスラックスと称したが、モンペスタイルという書き方を雑誌記者がしているから、パンツの裾をしぼったモンペ型のものを身につけていたようだ。

都会の女の日常着にパンツルックが普及するのは一九七〇年代からで、この時期には、ハイキングに行くときのために一着程度持っているのが普通。マンボルックやサブリナパンツが一部に流行しているが、大衆的にはなっていない。ジーンズはまだ日本の女のワードローブには登場していない。

『マドモアゼル』誌のグラビア頁の写真に写っているデモ中の美智子の前列の女子学生たちはスカート姿。また、事件発生後、警察病院にかけつけたという学友たちの写真(『女性自身』)の女子三人もスカートと判別できる。そのなかで美智子がパンツを身につけていたのは、国会構内に入り、それにともなって混乱が起こることを予知しての行動だったといえよう。

母親の回想では、出かけるとき下着を取り替えたという。検挙されることを想定したのだろう。

話題は卒論の進行ぐあい

刻々と迫る六月一九日、つまり新安保条約自然承認の日はアイゼンハワー米大統領の来日が予定されている。その日を前に、国民会議は一五日に大規模なデモを計画した。総評は政治ストを指令したが、なぜか自然承認のあとに日を設定。それではあまりに遅すぎる。自然承認の前に決定的な闘いを組み、国会を解散に追いこまなければならない。

ブント指導部にとって安保闘争は終わったも同然だが、その後の全学連内での主導権争いに勝つために、ハガチー事件をうわまわる行動が必要になった。それまで対立していた全学連と東大細胞を含めた全員の意志が全都細胞代表者会議で一致した。四月以降初めてのことだと、島が『ブント私史』に書いている。

その方針とは、あらゆる手段を用いて国会構内に入り、無期限の座り込みを勝ち取るというもの。北小路敏全学連委員長代理がデモの総指揮にあたることになった。別に特別行動組織隊を結成、また生田浩二をキャップに国会突入を可能にするための技術準備も進めたという。全都細胞代表者会議に出席した美智子は、この闘争の意味を十分に承知している。

一五日午後、国民会議が動員した一〇万を超える労組と市民団体が周辺を埋めつくし、ワッショイワッショイと走っている。巨大なマラソン集団といった風景。議員面会所の前にタスキをかけた社会党議員が並んで、「ごくろうさんです」とデモ隊に手を振っている。固く閉ざされた国会の各門は装甲車と警官隊が守っている。生垣のなかにも鉄かぶとがぎっしり。第二機動隊とデモ制圧専門で泣く子も黙るといわれた第四機動隊（四機）も配備されている。

島たちはデモ隊に混じって国会周辺を一周し、突破口をどこにするかを探った。正門の守りは固い。何とかなりそうなのが、議員面会所に近い南通用門だと踏んだ。ここから入ることに決め、全学連指導部に伝えた。

東大本郷ではこの日、キャンパス内でのデモは行なわず、デモ参加者は直接国会議事堂前に集合した。美智子は女友達数人と本郷三丁目駅から地下鉄丸ノ内線に乗り、国会議事堂前駅に向かった。八木田宜子もいっしょだった。地下鉄で隣りあわせに座り、何を話したか覚えていないというが、国会議事堂前駅で別れた。八木田は毎日夕方から家庭教師をしているため、デモには参加していない。

全学連の集会が始まる前、美智子は榎本暢子と立ち話をしている。「樺さんと最後に話したのは卒論の話だった。六・一五日の日、国会正門前で集会の始まる一寸前だったろうか、『どうもあんまり……』進まない、といった表情で『全く岸は犯罪的ネ』と笑ってみせた」（『人しれず微笑まん』）。

まもなく抗議集会が始まった。獄中の唐牛委員長に代って北小路敏、都学連副委員長西部邁らがかわるがわる演説をした。「安保や五・一九の議決方法を許してもいいのか。この肝心なことが政府やマスコミ、有識者たちの欺瞞に満ちた論理で、アイク訪日問題にすりかえられようとしている。国会の周囲を歩くだけでは駄目だ。ふたたび国会構内で集会を開こう。国民の目を安保と国会に向けよう！」。

国史学科でもブントでも先輩の高村直助も現場にいき、美智子と最後になる言葉を交わした。

「あの日の夕方、偶然国会の前で樺さんに出会った。いってみれば消去法による確信とでもいうような様子で、彼女は、今日は構内に入るつもりだ、と云った」

全国各地からきた学生が国会をぐるりと取り巻いたのだから、その数は二万はいるだろう。午後四時半ごろ、集団が動き始めた。先頭の東大と最後の早稲田がつながったまま国会議事堂を二周した。個人プレーをする者が少ないせいか、いつも東大本郷が先頭だが、そのなかでもまた順番が決まっている。法経文理工農医教という学部順で、法学部や経済学部の参加者はそれほど多くないから三番目の文学部はかなり前に位置することになる。危険な場所である。

スクラムを組んで走りはじめた集団のなかに美智子の姿をとらえたのは雑誌『マドモアゼル』の記者とカメラマン。伴走しながら談話をとり、拒否されながらも写真を撮った。

記者は二週間前に樺家を訪ねて、羽田ロビー闘争で有名になった美智子に取材を申し込んだが、彼女は拒否した。「わたくし、学生運動の代表者あつかいされるほどのことはしてきておりません。あと一年くらいは謹慎《きんしん》して、静かに勉強していたいんです。雑誌に名まえもだしていただきたくありません」。激しい闘士を想像していた記者は、静かで控えめな態度に驚き、いっそう興味をそそられた。一三日昼、ふたたび樺家に現れ食いさがる記者に美智子は、「とにかく、しばらく静かにしていたいんです」と答えて学校に出かけた。

こんないきさつがあって、美智子が一五日のデモに参加することを確信した記者とカメラマンは午後二時半ごろ国会議事堂前に駆けつけた。正門前にはすでに各大学、学部ごとの集団が旗を翻し、そのなかでも東大文学部のライトブルーの旗がひときわ目立つ。記者の文章から。

「折から議事堂の上空には、不気味な暗雲が低くたれこめ、とつぜん、はげしいにわか雨が降ってきた。／午後三時すぎ、雨はやんだ。あなたたちはいっせいに起ちあがり、全学連主流派独特の、あの巨大なへびの進撃を思わせる、はげしいジグザグ行進に移った。／あなたたち東大・本郷の学生たちは〝社学同〟の旗を高くかかげ、行進の先頭に立っていた。そしてその中でも、あなたの姿はひときわ目立ち、先頭から数列めの、いちばん左側をすすんでいた。／白いブラウスにクリーム色のカーディガン。濃紺のモンペ・スタイルのスラックスをはき、右腕は隣りの男子学生と、そして左手には、白く小さなハンカチ包みを握っていた。

ワッショイ、ワッショイ。怒濤《どとう》のような叫び声にまきこまれながら、記者とカメラマンは必死にあなたの左側にくいつき、ぐるぐる国会のまわりを駆けながら、折をみてはあなたに話しかけた。

――樺さん、写真を一枚とらせてください。

『わたくし、こまるんです。写真をとっていただいてはこまるんです。』

――きょうのデモ、なんだかたいへんなことになりそうですね。

『そんなこと、ぜんぜん知りません。わたくしたち、ただ夢中なんです。お話しは、あしたにしてください。』

――あしたなら、いろいろ話していただけますか？

『……いいえ、やっぱり、こまります。いま、だまっていたいんです。』

デモ隊の怒りの合唱にかき消されまいと、私たちはきれぎれに、どなるように問いかけた。あなたは、思いつめたような美しい表情で、まっすぐ前方をみつめたまま、大きく口をひらいてシュプレヒコールをとなえ、その合間に、小さく口をひらいて記者に答えてくださった。／小さな声だったはずなのに、あなたの声は、不思議によく聞きとれた。簡潔に澄んだ、すきとおるように美しい声だった。

――こうした統一行動によって、国会を解散に追いこめる、安保改定を阻止できる。あなたは、そう信じていられるんですね。

『ハイ、信じています。わたくしはわたくしの信念にしたがって行動しているんです。』

一瞬、あなたの声は強くはりつめて、その語尾は、泣くかのようにふるえていた。それ以上、もうどんな雑念にもまどわされたくないといった、静かにせっぱつまった声だった」

午後六時ごろ、問題の南通用門あたりで記者は美智子の姿を見失い、それっきりになった。

南通用門を破り、突入する

この日は、美智子が亡くなっただけでなく、多くの人が怪我をした。なぜ、そうなったのか。学生にしても、労働者、市民はもちろん、のちの学生デモ隊のようにヘルメットを被ったり、鉄製のゲバ棒を持ったりしてはいない。身に寸鉄も帯びず、という言葉があるが、ボール紙で作ったプラカードを持っているがそれもちらほらであって、ほとんどの学生は素手。武器は左右の人と堅く組んだスクラムだけ。足元はズックやビニール製の靴が多く、革靴は少ない。

迎える警備の警察官や機動隊員は、丈夫な戦闘服に鉄かぶと、腰に警棒を帯び、体あたりしてくる者や投石をよけるための盾を持っている。足には、蹴られるとものすごく痛かったという軍隊と同じ頑丈な編み上げ靴をはいている。両者が正面からぶつかったときの勝負は明らかである。

走りながらデモ隊の指導者は国会構内に入るスキを探るが、前年一一月にするすると進入できた土手は塞がれている。先頭が南通用門前で止まった。しばらくやり場のない空気があたりを包んだころ、全学連の宣伝カーがかけつけ、右翼が文化人や演劇人グループに殴りこみをかけ、重軽傷者が多数出たのに警察は傍観していた、とアナウンスした。これが学生たちの怒りに火をつけた。

国会議事堂を取り巻いている主流派は約二万人だが、さらにその外側を二〇万人とされる国民会議が動員した労働者、それに市民のデモ隊が取り巻いている。全学連反主流派も、こちらはシュプレヒコールはあげるが、激しいデモは行なわず、国会を遠巻きにしている。そのなかの女の多い新劇グループのデモ隊に釘を打ちつけた角材を持った右翼集団が殴りこみ、多くの怪我人を出したのである。

計画通り、集団の力で門を突破するしかない。先頭に近い東大文学部は女子が多い。文学部学友会委員長の金田晉《かなたすすむ》（美学科三年生）が女子学生はうしろに下がり、男子の鞄を預かるように言う。榎本暢子が証言している。「五時頃だったか、隊列を組み直したとき、『女子は危いから抜けろ』と文学部委員長が命令した。そのとき、私は『男子だって危いわ』と云い、彼女（美智子）は『せめてスラックスをはいた人間だけは例外にして』と頼んだ。〝ボス交渉〟の結果、スラックスをはいた私たち三人だけ、先頭の文学部からは抜け、後の方の他学部に入った。十二、三列目だった」。

このあとだろうか。指導者の一人長崎浩は短いアジテーションをした。そのときうしろのほうから「異議ナーシ！」という声がした。「あれは確かに樺さんの声だった」

と長崎は振り返る。

改めてスクラムをくみなおし、先頭集団は明治、中央、東大が一八列のスクラムを組み、南通用門に体当たりするが門はビクともしない。四寸角の木が何本も横に針金で結びつけてある。

あらかじめ用意していたペンチが持ちだされ、針金で固くしばりあげてあるカンヌキを次つぎととばす。門は内側に倒れた。すぐにバリケードとして並べてあるトラックを一台ワッショワッショと引っ張り出そうとする。車が石の門柱にひっかかり門柱が倒れる。誰かが車に火をつけた。それを合図に警官隊がホースで放水を始めた。学生が倒れる。警官隊に向ってプラカードや敷石をはがして投げる者もいる。石はすぐに投げ返され、顔や頭に当たって血を流す者がいる。

六時半ごろやっとトラックが一台門の外に引っ張りだされた。そのとき警官隊が学生を誘うようにうしろに下がった。座り込むために一〇〇人ほどの学生がスクラムもとのわぬうちに喚声をあげてなだれこんだ。そのなかに美智子もいた。

学生たちが入った直後、警官隊に排除命令が出た。方面警察隊に加え、物陰に隠れていた警視庁最強の第四機動隊も学生たちに襲いかかった。狭い入口から入った学生はすぐに遮断され、警棒でめった打ちにされた。うしろのほうの学生は何が起こっているかわからぬまま押しあっている。頭が割られ血が飛び散る。倒れた者をさらに蹴り上げ、引きずって逮捕する。目もあてられぬ惨状である。

美智子といっしょに構内に入った榎本暢子の証言の続き。「七時頃、トラックが引き出され、私たちは国会の中に入った。だが、先頭のスクラムは警官の放水で乱れてしまっており、さらに南門入口でトラックの袋小路のような処に入って動けなくなってしまった。その時、横からはみ出るように、私の四、五列前から切れて、左の旧議会の建物の方に人波はどっと動いていった。この中に私より二列前にいた樺さんも入っていた。／だから先頭でなかった筈の私たちは、トラックと建物の間をすり抜けてみると、まともに、待ち伏せの警官隊に打《ぶ》つかってしまったのだ。ウオーッととびかかって来た獣のような警官群。あっと思う間もなく、頭をガンガン殴られ、必死に逃げようとしながらもボーッと気が遠くなってしまう私。まわりの人がどうされているかなんて全然わからない。でも『倒れちゃダメだ。死んじゃうぞ。』と励ましてくれた人々の声を私はおぼえている」(『人しれず微笑まん　樺美智子遺稿集』)。

多数の学生が泥まみれで倒れ、運ばれていった。榎本も頭部を殴られて気を失い、その後三週間、入院することになる。榎本とスクラムを組んでいた文学部心理学科三年の福田瑞江も警棒で殴られて倒れたところを、後頭部、肩、腰などを打たれ、三カ月入院した。文学部の正木直子、教育学部の岩田勝子、石川昌子などもこの渦のなかにいたというから、うしろに下がっていたはずの女子学生たちも構内に入り、混乱に巻き込まれているのだ。

八時すぎにやっと社会党の江田三郎書記長らがホースの水でビショぬれになりなが

ら警官を後方に下がらせた。全学連の宣伝カーもスクラムを組んで待機するようよびかける。そこへ数人が死んだという噂が流れる。

北原敦は、文学部委員長の金田晉から東大生が死んだらしい、警察病院に行こうと誘われて行った。そのときの様子を北原は、「病院の地下霊安室は、うす暗く冷たかった。そこには、権力に抗しぬいた青春が清らかに横たわっていた。ふだんの色白の顔が、さらにすきとおるように静かにねむっていた。樺さんは現実的なる生をおい求めて情況にたち向い、怠惰なるすべてのものを置いてきぼりにして、あまりにも遠いところへ行ってしまった。／権力との闘いに、疲れもいらだちも燃えたたせて、今は静かにねむりをむさぼっているかのようだった」（『友へ　樺美智子の手紙』「私の太陽」）と描写している。

北原は美智子であることを確認したあとすぐに他の友人たちを呼ぶために警察病院を離れた。友人たちを連れて病院に戻り、再度の面会を求めたがもう会わせてくれなかったという。金田はパトカーに乗せられて樺家に行ったが留守だった。

ラジオで娘の死を知る

その夜、ラジオは国会周辺からの中継を終夜にわたって実況し続けた。東京の大学に息子や娘が通っている親たちは、緊迫度を増す放送に不安を募らせた。学生が構内になだれ込み、放水で蹴散らされ、警官に殴られて昏倒し、泥のなかで頭を抱えてうずくまる姿を話し続ける記者自身が殴られる。「あ、痛い、何をするんですか、今殴られました」という記者の絶叫は肺腑をえぐるように聞こえた。自分が殴られたように、と打ち明けた親がいた。

何時ごろだったろうか。ラジオが叫んだ。「今、女子学生が死にました！」、「女子学生が死にました！」と繰りかえす。しばらくして、「歳は二〇歳くらい、名前はまだわかりません」と付け加えた。何時間たっても、同じ放送であった。「女子学生が死にました。名前はまだわかりません」。

なんともどかしいニュースであったことか。その日、娘がデモに出かけたことを知っていた親の多くが国会周辺に足を運んでいる。うちの娘ではないかと。美智子の両親もかけつけたが、混乱のなかで右往左往するだけだった。

父俊雄は、大学での講義を終えたのち、日比谷野外音楽堂で五時から開かれていた「民主主義を守る学者・研究者の会」に途中から参加。生まれて初めて桜田門の警視庁までのデモに「面映ゆい気持」で加わり、会の代表たちが大学の自由に対する警察の侵害について抗議するのを外から応援した。

さらに国会議事堂そばの第二議員会館の前で抗議集会をする手筈になっていたが、開会に手間どっているうちに、学生が死んだというニュースを耳にし、いても立ってもいられなくなって衆議院通用口のあたりに行ってみた。次つぎと負傷者が運び出されてきた。「私は自分の眼を疑ったのですが、血だらけになって、ぐったりした学生が手錠をかけられたままで、担架にのせられて運びだされてきました。私も大勢の人たちと同音に、『手錠をはずしてやれ』と叫んだものです。だが、付き添いの警官はそんなことには耳も傾けずに、救急車にそれを運びいれました」。

南通用門までくると、武装警官の列に囲まれて装甲車の上で演説している学生が、「今夜ここで倒れた女子学生のために黙禱を捧げよう」と叫び、デモ隊から「警官隊も鉄兜をとれ」、「人殺し」という叫び声が続いたあと、「一分間黙禱」の号令で、周辺を埋めた学生、市民、労組員らとともに俊雄も黙禱した。「その死んだ女子学生がまさか私の娘だとは露思いませんでした」。

集会は続いていたが、「それ以上たいした変化もなさそうに思えたので」、帰宅するため地下鉄の入口に向って歩く途中、清水幾太郎と会った。人波にもまれつつ、「十何年ぶりかの久闊の辞をかわしながら握手した」。清水も、東大に通っている娘がデモに来ているのが心配だったのだ。

俊雄は地下鉄を渋谷駅で降り自宅に電話をしたが、光子はニュースを聞いて出かけたことがわかり、そうするとまた不安になって、国会正門近くまでタクシーを走らせた。正門付近には群集が密集し、警官隊が催涙弾を放ち、逃げまどう人びとを警棒をふりあげて追いかけている。俊雄も逃げ出し、またタクシーを拾って新宿駅近くまできて空腹を覚え、店に入った。

ラジオが臨時ニュースを流している。「黒いズボンをはいた女子学生が死んだ」と言っている。娘はスカートで出かけたと妻が言っていた。ほっと胸をなでおろす。一〇分ほどたち、ふたたび臨時ニュースで、今度ははっきりと娘の名が聞こえた。

すぐにタクシーを拾い、あちこちで聞きながら警察病院に着いたのは午前一時をまわっていた。遺体はすでに死体安置室で柩におさめられていた。「その顔はとても穏かな顔で、唇を少し噛みしめている以外は、平生となんら変らない表情でした」(『死と悲しみをこえて』)。

光子は、その日一日中不安だった。娘の元気な姿を見るまではと思いながら、落ち着かないときの習慣で、買ってきた草花を植え、バラに肥料を入れたりして過ごした。耳はつけっぱなしのラジオの音をとらえながら。

夜、政治家らの座談会の途中、女子学生が死亡した、というニュースが入った。光子はすぐに玄関を飛び出し、地下鉄国会議事堂前駅に下りた。南通用門は、地下鉄出口から一〇〇メートルほどの距離にある。地上に出たものの混乱する群集と殺気だった雰囲気に近寄ることもできず、ドシャ降りの雨に打たれながら、死者はだれ？　怪我人はどこだろう？　と尋ねまわるが、何もわからない。

虚しく歩きまわったすえ、終電車で疲れたからだを休めるためにたどりついたのは、池袋の実家。両親はすでになく実弟の半田達雄宅である。そのまま寝かけたが、ラジオを聞いていた弟が死者の名前を聞いた。光子はたたきおこされ、弟とともに明るくなりはじめた東京の町を車で運ばれ、心配し続けた娘と対面したのだった。

「美智子さん」と娘に語りかけるかたちの手記（「遠く離れてしまった星　美智子の霊よ、安らかに」）に、光子は対面の様子をこう書いている。「あなたは静かに眠っていました。あまりにも安らかな寝顔。そのほおも、組み合わされた指も、冷たいけれど、やわらかでした。ただ髪がよごれ、そしてびっしょりぬれていました」（『週刊朝日』六〇年七月三日号）。

死後、一〇時間近くが経過している。顔の汚れはふき取られていたのだろうか、手記は触れていない。髪がまだびっしょり濡れていたというのは、ちょっと不自然な気がするが、記憶違いだろうか。娘の手を握ったとき初めて泣きくずれ、しかし、そのあとは泣かなかった、と書いているが、泣く暇さえないというのが、このあとの樺家の人びとの日々であった。

解剖は慶應病院で

六月一六日朝、両親ら親族がつきそって遺体は警察病院から慶應病院法医学教室に運ばれ、一〇時半から夕方までかかって解剖が行なわれた。両親は、訪ねてくる知人や報道関係者の対応もしながら、交代で解剖に立ち会った。

「女は卒倒するといわれましたが、どんなことでも美智子に関することを知りたいから、はじめの間だけでもいたいと思ってはいりました。そしてあおむけになった顔がこちらへごろんとなった時ふき出すかのように、おだやかな美智子の顔であったのがうれしく、長くおぼえていたいと思います。あの子はほほえみながら死んだのです」

（『東京大学新聞』六〇年七月一一日付）

一八日に東大で行なわれた合同慰霊祭で光子はこう述べている。俊雄も、のちに、死顔がほほえんでいるようだったから、著書のタイトルを『最後の微笑』にしたと語っている。

執刀は、法医学教室主任教授中館久平《なかだてきゅうへい》で、同教室の中山浄が助手を務めた。なぜか前半だけ東京大学教授上野正吉が立ち会っている。さらに上野の弟子にあたる医師で社会党参議院議員坂本昭、俊雄の知人である代々木病院副院長中田友也、それに東京地検検事難波が立ち会った。難波以外は全員医学博士である。

美智子を死に至らしめた原因は、今も謎のまま持ち越されている。最初に死体を検視した監察医、解剖を執刀、あるいは立ち会った法医学者の鑑定結果がくいちがっているからだ。

圧死説と扼死説があるが、どちらかというと、圧死説のほうが流布している。戦後の未解決事件として語り継がれる下山事件に似た怪事件ともいえる。

一六日、解剖ののち、あまりにもおおぜいの来訪者と報道関係者の面会要求に疲れ果てた家族は、せめて通夜は静かに行ないたいと思い、知人に依頼して日暮里の善性寺で行なうことに決めた。極秘でことを運んだつもりだったが、寺には知人だけでなく、未知の人までが次つぎと焼香に訪れた。一七日の告別式にも、多くの人が参列した。そのあと町屋火葬場で荼毘《だび》にふされた。以後、連日、儀式が続く。

さて、死因をめぐる謎である。

事故死は監察医が最初に死体の検視をすることになっており、美智子の場合は東京都監察医の渡辺富雄が担当した。渡辺によれば、デモ隊の一女性の死体が警察病院に収容されたので検視をしてほしいと頼まれて警察病院に行き、検事立会いで検視を開始したのは一五日午後一〇時四二分。死体を見た瞬間「これは圧死だ」と思った（「特別寄稿　樺美智子さんの死体検案書」『週刊新潮』六〇年七月一八日号）。

直感ではなく、圧死の例を見慣れているからだそうだ。それから入念に検視したのちの総合所見で「胸部圧迫による窒息死」と結論づけ、調書の「成傷器」を書き込む欄には「人体の疑い」、死亡の原因を書き込む欄には「圧死の疑い」と書いた。一六日午前三時、父親による身元確認を済ませ、空白にしてあった死体検案調書に死者の住所氏名を書き込み、「興奮さめやらぬ父親に手渡す死亡届の用紙には、死因として『圧死の疑い』と書き込むのは忍びがたく『不詳』と書いて渡した」という。

死亡届には死因を「不詳」とした、その理由が「忍びがたく」というのは、多くの死体を検視してきたとする渡辺にしては腑に落ちない。この時点では圧死という確信を持てなかったのではないか。

父母が変わり果てた娘と対面するより早く、渡辺ら警察、検察関係者以外で最初に遺体に接したのは、南門付近で救援活動にあたっていた坂本昭ら。坂本が寄稿した

「樺美智子さんの死─主として医学的に」（『世界』六〇年八月号）によると、「その夜八時過ぎ柳田秀一代議士（社会党）と警察病院に到着した私は、所在不明のため交渉できない検事に結局はしばらく待たされ、抗議の結果ようやくにして、友の安否を心配する二人の学生と共に、関係部外者としては最初に美智子さんの遺体にお会いした。警察当局が一月の羽田事件に関係した伊藤検事と共に既に到着していて、写真数枚を撮影していたことは誠に意外というほど迅速な措置であった」。

八時過ぎというのは、死亡推定時刻が午後七時一〇分から一三分頃（参議院第三五国会法務委員会における法務省刑事局刑事課長河井信太郎の答弁）だから、きわめて早い対応ということになる。「美智子さんの顔色は既に蒼白であったが、清純で平和な顔であった。頭髪は軽くパーマがかけられ、出血はどこにも見られず、白いブラウスにクリーム色のカーディガンを着て黒のスラックスをはいていた。スラックスは泥を多数つけ、特に右上半身から右腰部の被服に泥がひどかった。遺留品は財布とハンカチだけで、同学の友人によって氏名が確認されたのは午後十一時過ぎであった」。

同学の友人というのは、金田晋と北原敦で、北原は先に引用した文章に続けて、「すきとおるように安らいだ顔のただ一カ所、閉じられたまぶたのまわりがほのかな紅色でおおわれていた。心に宿した闘いの火が、そこにまだ燃え続けているようにみえた。安らかにねむる顔は、この闘いの火をたやしてしまわないで、と訴えているごとくであった。／後日の医師の発表には『両上眼瞼は軽度膨張し紅潮を呈す。即ち眼瞼結膜の出血……』とあった。首を強くしめられたため、眼にひどいうっ血が生じていたのである」とあるのは、非常に早い時間に対面した人の証言として貴重である。この手記は、『人しれず微笑まん』の刊行にあたり、光子に頼まれ、北原が「時代の鼓動に生きた者」というタイトルで書いて渡したが、どういうわけか掲載されずに返却された。八年後、光子は『友へ　樺美智子の手紙』に収録した「私の太陽」にその一部を引用している。

今でも北原はこのときの、美智子の目のまわりがほんのりと赤かったのを覚えており、「目のまわりが赤いのは血がそこにたまってるということで、首を絞められている……機動隊のあの分厚い手袋で喉をやられたら、やっぱり大変な圧力で、その可能性はありうると思うんです」と語る。

ニセ証言で「圧死」と報道

駆けつけた父親が娘と対面しているそのころ、すでに高速回転していたはずの一六日朝刊はどう伝えただろうか。

『朝日新聞』は、一面で「全学連、国会構内に乱入」「女子東大生が死亡」などの大見出しで、一五日の抗議行動を伝え、五面に警官隊とぶつかる学生、放水する警官隊、ゴボウ抜きされる女子学生などの写真を一頁まるごと使って掲載している。社会面には「倒れた上にドロぐつ」「樺さん　あっという間に死ぬ」という二本見出しで、「死んだ樺美智子さんの隣でスクラムを組んでいた明治大学文学部森田幸雄君（二三）＝東京都新宿区若葉町三ノ八」の証言を載せている。

「夜七時すぎ、南門から入った私たちは構内でスクラムを組みなおした。おびただしい数の警官が国会のビルの影に並んでいた。私たちは、その群れに向かって前進した。警官たちも、こちらへ歩き出した。歌もシュプレヒコールも起こらない。恐怖の一瞬だった。二つの流れが正面からぶつかった。やがて警官たちは警棒を振るい始めた。隣の女子学生（樺さんのこと）は、髪を乱しながら頭を下げた。男の学生たちも首を縮めた。足もとはドロの海。隣の女子学生がつまずいた。ほかの学生たちも何人かころんだ。倒れた女子学生の上を学生のドログツが踏みにじり、そのあと巻き返しに出た警官たちがまた乗り越えた。そのとき『女が死んでいる』とだれかが叫んだが、手のほどこしようがなかった」

ずいぶん詳しい証言で、死を招いたのが「学生のドログツ」であると受け取れる発言をしている。警官は踏まないで「乗り越えた」と話す彼は混乱のなかで何をしていたのだろう。「女が死んでいる」という声を耳にし、「手のほどこしようがなかった」状況までには、それなりの時間が経っているはずだが。

同じ内容は『毎日新聞』にも目撃談として載っており、森田は警察病院に入院中とある。大新聞二紙が、この証言を載せた影響は大きい。死因が「圧死」であると多くの人が思いこむし、捜査関係者にも先入観を持たせたかもしれない。

しかし、ご丁寧に住所まで出ている森田幸雄なる人物は、明治大学関係者の調査で実在しないことがわかっている。新聞記者が捏造したのでなければ、誰かの意図的な世論操作であろう。森田という男の証言は、『女性自身』六月二九日号の「安らかに眠れ樺美智子さん」にも使われている。

「彼女の左右に腕を組んでいた森田幸雄君（23＝明大文学部四年）、山中啓二君（20＝東大文学部三年）そのほか友人、目撃者たちの話をまとめると、悲劇の模様は、だいたいつぎのようだ」として、「同時に警官隊も、こっちへ進んできた。両方とも無言だった。／やがて、正面からぶつかった。ぼくらの武器は、スクラムだけなのに、彼らは警棒をめちゃくちゃにふるった。樺さんは、髪を乱しながら頭をさげた。ぼくらも頭をちぢめた。／うしろからもデモ隊がおしてきて、ものすごいもみあいになり、彼女は両方からおされて動けなくなったところを、警棒の一撃を浴び、悲鳴をあげて倒れた。そのうえに学生が何人か折り重なって倒れ、さらに警官隊が殺到して、それっきり、とうとう起きあがれなかったのだ。／もちろん、ぼくらは夢中になって助けだそうとしたが、警官隊には通じない。彼らは倒れた仲間たちを容赦なくふみつけつづけ、やっと彼女を抱きあげたときは、倒れてから五分ぐらいもたっていた。／社会党の秘書団が現場から運びだしてくれたのだが、顔はまっ青だし、血とドロにまみれた両手、両足はダランとさがったまま。仮診療室（新館地下の議員面会所）に寝せたときには、もうひとことも発しなかった。／『彼女が死んだなんて、まだ信じられない。前日、大学の研究室でぼく（山中）に、どんな本を読んだらいいとか、一生けんめい親切に教えてくれた樺さんだったのに……』」

と、こちらは踏み続けたのは警官だとしている。この記事はまたそのまま、『東京大学新聞』臨時増刊「たたかいの記録5・19〜6・23」（六〇年七月一一日付）にも転載されている。四八頁に及ぶ増刊号で、美智子の死に七頁をさいている。死の前後の目撃談は東大のなかで探すことができなかったのか、まるごと商業誌からの転載、それも実在しない男たちの〝目撃談〟を載せたのは、無責任きわまりない。

『女性自身』の記事は、美智子と腕を組んでいた森田と、もう一方の腕を組んでいた文学部三年生を名乗る山中啓二という男の証言なども加えている。誰もが納得するような、真実めいた話である。だが、のちの調査によると、この証言の中味は事実と異なっており、大部分が作為による捏造としか思えない。

作為の一つは、突入で隊列が崩れていたとはいえ、美智子と同じ集団には榎本暢子、福田瑞江、岩田勝子、石川昌子、正木直子ら東大の女子学生がいて、彼女たちによると、明治大学学生が美智子と腕を組んでいたというのは不自然。

山中啓二という証言者は、前日に研究室で美智子と話をしたと会話の内容まで明かしていて、同じ国史学科の学生のように読めるが、このときの三年生、つまり六〇年春の国史学科進学者名簿（『国史研究室』九号）に山中啓二の名はない。当時、国史学科に在籍していた学生・研究者らに尋ねたが、誰も知らない。彼は何者なのか、今もってわからない。国史学科の先輩で、このころ東大史料編纂所勤務の山口啓二という研究者がいた。研究者仲間とデモに参加し、別の場所で負傷している。この人の名に似せて騙ったのだろうか。

作為の二つ目は、学生が折り重なって倒れたというが、美智子が倒れていた周辺で、いわゆる人なだれがあったという証言はない。阻止車輛の屋根の上には、新聞社やフリーのカメラマンが何人もカメラを構えていた。負傷者の多くは警棒で頭を殴られて傷を負ったが、美智子にめだった外傷はない。

作為の三つ目は、五分くらいたって彼らが倒れている彼女を抱き上げ、社会党の秘書団が現場から運びだし、仮診療所に運んだというが、社会党秘書団からそのような証言はない。彼女が倒れていたのは、五台あった阻止車輛のうち南門入口から見て議員面会所の右手に配置されていた七トン車の下、右前輪近くである。これを明治大学学生でブント活動家の関勇が他の学生と協力して車の下から引きだした。戦闘帽姿の関が抱きかかえて移動していく様子がのちに公表された写真に何枚も残っている。顔面にドロらしい黒いものがつき、左手が顔の下に折り曲げられている。

関は南通用門を出たところで全学連の宣伝カーに乗せ、自ら誘導して、首相官邸前十字路に近い衆議院車庫入口前の路上に寝かせた。そこは救急車の入りやすい位置で、多くの学生がピケをはって守り、千葉大学医学部学生の救護班数人が、瞳孔を検査したり、脈拍に触れ、ビタ・カンフルを一ccずつ二回注射。まもなく救急車で警察病院に運ばれたがすでに息絶えていた（前掲参議院法務委員会での坂本委員の発言、及び三田英一「樺美智子　死の五分間」『現代の眼』一九六八年八月号）。

死の直前、美智子の両側でスクラムを組んでいたのは誰なのか？　全学連や国民会議が、繰りかえし名乗り出るよう呼びかけたが、ついにいなかったという。

圧死か扼死か

一六日午後、東京地検が解剖結果を公表した（『朝日新聞』六月一七日付）。「頭に外傷などの異常はない。内臓諸器官全面に出血があり、スイ臓、胃、十二指腸などの出血がいちじるしい。首の両側にも出血があった。肺臓を水につけたところアワが出た」。死因は、①窒息死、②腹部に強い圧迫が加わったための急性出血性すい臓炎、③両方が同時に起こったものかいずれかである、とした。

同日の『毎日新聞』のほうは、解剖を執刀した中館久平の談話として、「外傷は致命的な大きいものはない。内臓の出血による死である。これは体の相当広い面積に大きな圧迫が加わったためだ」とあり、見出しは大きく「樺さんは圧死（内臓出血）」。これにより、圧死説がさらに広まる。

一方、全学連をはじめ国民会議など反対勢力側は、警官隊によって殺された、と声高に主張する。早くも一六日午後には、総評弁護団が樺の死亡は警官隊の殺人行為によるものと断定、夕方、小倉警視総監および一五日夜国会へ出動した全警察官を殺人罪で最高検へ告発した。少し遅れて社会党不当弾圧対策特別委員会も、他の負傷者に対する職権乱用を含めた同趣旨の告発をする。

二一日、坂本昭と中田友也が連名で「故樺美智子さんの剖検所見について」を公表。解剖所見、外部損傷、内部損傷、腹部に分けて詳しく説明し、結論として「本例は窒息死であり、扼死の疑が強い」とした。

この発表を受けて、渡辺富雄の前掲「樺美智子さんの死体検案書」が出た。渡辺は、「中田・坂本両氏にどれだけの法医学的知識があるかは知らないが、私にはそのご意見は全くいただけない」と圧死を強調し、「ここ十年間に五百体以上の圧死体を取扱っている監察医務院（東京都衛生局所属）では、どの監察医（警察医ではない）も圧死の検視解剖を数多く手がけている。われわれからみれば『首をしめられて死んだ』などということは全くナンセンスである」と抗議した。

最初から喧嘩ごしの渡辺と坂本・中田の論争というより、なじりあいはこのあとも延々と続くことになる。

「傷害致死事件」として捜査してきた東京地方検察庁が、八月六日、捜査結果を公表した。それによると、死因は「デモ隊の人ナダレによるク（軀）幹部、特に胸部圧迫による窒息死」で、「（樺は）東大デモ隊の先頭、文学部学生集団のトップから十数列目に位置して、午後七時ごろ国会構内に突入、旧議員面会所前付近の中庭まで進んだ時、警官隊に阻止されて後退してくる学生と、後ろから前進してくる学生集団の渦の中に巻き込まれ、人ナダレの下敷きとなった」と認定した。つまり、警官隊との接触はなかったとしている。

従って「災害死」で、「傷害致死事件」の容疑はないと断定、事件を不起訴処分にした。その際地検が参考にしたのは、東京都監察医渡辺富雄の「死体検案書」、解剖を執刀した中館久平の「鑑定書」、上野正吉の「再鑑定書」の三つ。その内容はどういうものだったのだろうか。

渡辺の「死体検案書」は「圧死」、中館鑑定は、扼殺されたとも考え得るが、またそうでないとも言い得る、という微妙な言い回しで、結論では、「本死の死因は窒息死である。なお胸腹部の圧迫が主因であるものと考えられる」としながらも「窒息死は、胸腹部の圧迫によってひき起こされたものと推定されるが、同時に鼻口部が閉鎖されたためかもしれない」と付け加え、あいまいな表現になっている（『週刊現代』六〇年一二月二五日号）。

上野は、中館が鑑定書を提出したあと地検の依頼で再鑑定を行なった。上野が用いたのは中館鑑定書と、地検から提供された資料である。その結果は、「軀幹部、とくに胸部圧迫による窒息死とするのが一番自立的のようである。（略）自立的というのは、その公算が最も大きいということで、他のあらゆる可能性が排除された上での結論ではないからである」と、こちらも含みのある表現だが、地検は上野の再鑑定を採用して結論を導いたことになる。なぜ、最初から最後まで執刀を担当した中館の鑑定ではなく、解剖に前半しか立ち会わなかった上野に再鑑定させ、そちらを採用したのか。

これに対して社会党などが設けた調査委員会は、坂本・中田説をとって、まっこうから対立した。

「人ナダレのような状況が起こった事実はあるが、樺さんの死がこれによるものとすれば、ほかにも死者や瀕死の者がいるはずだ。これが全く見当たらない上に、樺さんの後ろ二列目にすぐ続いていたふたりの女子学生は負傷し、警官隊側に収容された。このことは、警官隊との接触があったことが十分考えられ、樺さんに対しては他の〝特殊な事情〟がさらに加わっていたとしか考えられない」(『週刊朝日』八月二一日号)

特殊な事情というのは、当時、制服警官のうしろにいた私服警官が、たとえば「その赤セーターの学生」と指さし、狙いうちして逮捕していたことから、美智子も狙われたのではないかという。

羽田闘争のときも顔を知られていて逮捕されている。しかも明るいクリーム色のカーディガンは目立った。ノドボトケ付近のアズキ大の出血三個とスイ臓に認められる出血は、警棒でスイ臓を突かれて抵抗力が失われたところを、さらに喉を絞められて扼死した疑いが濃いとした。

説得力があるのは、地検発表を読んでから書いたと思われる友人榎本暢子の手記で、前に引用した。美智子より二列うしろにいた榎本や福田が警官隊と接触し、頭を殴られているのだから、美智子と警官隊は明らかに接触している。それを地検は否定した。

「樺さんが警官隊と接触していないなんて考えられない」と今でも榎本は話す。

同じ集団のなかにいた道広容倫も「わたしもずいぶん頭を殴られましたからね、手で防いだけど、しばらくこぶが残ってましたよ。前の人は警官に殴られて後退してくる、後ろの人はわからないからどんどん押してくるし、あいだにはさまれちゃったけど、人なだれで踏まれたということはないと思いますよ、小さい子どもじゃない限り……」と話してくれた。

八月一〇日の参議院法務委員会。坂本昭を中心に社会党の委員らが、地検発表につき法務省を長時間にわたって追及する。

当日出動した警官一七一一人に対して女子学生との接触の点についてどのような取り調べをしたのか、という質問に、法務大臣は警察官は樺との接触点にいなかったと繰りかえし答弁している。坂本はさまざまな写真を検討した結果、人なだれはなかったと発言するが、法務省側はあったと言い、平行線をたどる。

捜査にあたって事情聴取をした学生の名前はN、O、P、Qとなっており、実名を明かすように坂本は繰りかえし要求するが拒絶される。結論を出すにあたって参考にした監察医の死体検案書と中館、上野の鑑定書の公開もしつこく求めるが、法務省側は拒否し続けた。

このあと坂本と中田は一八頁に及ぶパンフレットを出して、そのなかでも渡辺監察医を名指しで非難した。解剖も待たずに圧死と断定したことを指摘し、「いかに見なれているからといっても、あまりに軽率な結論に過ぎはしないか」。

渡辺も反論した。「私たちは他の医師とちがって死体を見るのが商売なのだ。そのへんの素人医者なんかより格段の差で多くの圧死体を見ている。素人は素人、口を出さないことです」（『週刊現代』一二月二五日号）。

これで死因究明は一段落するかと思われたが、さらに新しい局面が展開する。一一月一八日、第四〇回慶應医学総会で美智子の解剖に中舘の助手として執刀した中山浄が四カ月にわたって動物実験をした結果を発表。「頸部の筋肉内出血は、扼首、つまり首を絞めない限り、認めることができない。スイ臓組織が溢血、あるいは出血する症状は胸を圧迫して殺したのでは認めることができなかった」。

これを美智子にあてはめると、頸部筋肉内に出血があった以上明らかに彼女は首を絞められたということになり、スイ臓出血は圧死だけと認めることは不可能ということになる。中山はこうも語っている。「私どもの実験から推論すると、樺さんのスイ臓出血は攻撃面の狭い、比較的表面のなめらかな鈍体で強く圧迫されたのではないかということが考えられる」（前掲『週刊現代』）。

発表は大きな波紋を呼んだ。攻撃面の狭い鈍体は警棒を連想させるからだ。実際、警官は学生への攻撃を外部の目からそらすためか、警棒で下から突きあげるように腹部を攻撃した、と多くの人が語っている。中山はさらにつけ加えた。「死体検査に立ち合った医師が外部所見と状況をきいただけで検案書に、圧死、あるいは圧死の疑いなどと記しているのは危険である」。

中山は中館の法医学教室に籍をおく医師である。医学界の厳しい師弟関係のなかで主任教授中館の承諾がない限り、このような実験結果を公表することはできないだろうから、あいまいな鑑定書を書いた中館も「扼死」説だと受けとられた。

黙っておれないのは渡辺。「絞死の死体所見を知らない者が頸部の絞痕をみて、その傷が死因となるかどうか判断できはしまい。（略）専門知識があれほど幼稚であっては返答のしようがない。あの手この手と学問的にピント外れの意見を述べているが、全く法医学を冒瀆しているといっても過言ではない（略）樺事件に関し、法医学界で中山、中館両氏にくみするものは一人もいないだろう」とまで言い切っている。

さて、死体を検案した医師、解剖と、それに立ち会った医師、計六人のうち五人は、地検の不起訴決定後も対立しているが、一人だけ沈黙を守ったのは、再鑑定書を書き、それが地検の結論に決定的な影響を与えた東大教授上野正吉。

上野はこの件に関してただ一度、『朝日ジャーナル』（六〇年八月二八日号）に手記「樺美智子さんの死因　再鑑定人の立場から」を寄稿しているのみ。そこでは、坂本・中田の引用の間違いを指摘し、再鑑定書に書いた「軀幹部、とくに胸部圧迫による窒息死」という自説を繰りかえしているだけである。

六人の医師がかかわりながら、死因を特定できないことについて、前掲『週刊現代』は、真相を阻んでいるのは〝慶東戦〟ではないかとする。

「下山事件の時、東大の古畑博士が死後轢断を主張し、慶大の中館博士が生前轢断を主張して論争したのは有名な話。この例が如実に示すように、法医学界を支配する慶応、東大の二大学閥は、事あるごとに対立するというのである」

ここには書いていないが、東大法医学教室の第三代教授は古畑種基で、このときは警察庁科学研究所所長。上野は古畑の弟子で、第四代教授。となると、これは古畑と中館の因縁対決というわけである。しかし、あくまでも扼死を主張する坂本昭も東大で上野の弟子である。

中田と坂本はさらに調査を重ねて、この年一二月に「六・一五救援本部活動報告及び参考資料」という八四頁に及ぶ冊子を公表したし、六・一五事件被告裁判でも証人として出廷して扼死を主張している。そのなかで、解剖さなかに上野が坂本に話したという言葉を紹介している。

上野は膵臓が取り出されたとき、「坂本君、これは膵臓死というものではないぞ、これは外傷性の珍らしい例だぞ」と言い、坂本が「膝で圧迫したのだ」と言ったら、「いや、もっと小さいものだ」と返した。また別の機会には、「先の平たんで、面積の小さいものによる圧迫外傷による出血だ」と話したという。坂本は結論として、美智子の死に至る経過を次のように説明している。

「膵臓出血は面積の小さい平坦なもの──つまり警棒である──警棒で強く突かれたため

に生じた外傷性の出血であり、樺はこのため気を失い、それと前後して、警察官に首に手をかけられて、混乱のなかを押しつけられ、窒息死したものと思われる。喉の出血が比較的少ないのも、膵臓《ママ》を突かれて気を失ったところをしめられたから、大きな力を必要とせず窒息死に致ったものである。人なだれによる死亡なら肋骨骨折および胸部に多大の出血を伴わなければならないものであり、これは常識でも容易に理解できるところである」（水戸巌編『裁判闘争と救援活動』）。よって、樺は警察官の違法行為によって殺されたのだと。

七社共同宣言で暴力を否定

話は一九六〇年六月に戻る。

六月一六日から一七日にかけて政局が大きく動いた。政府は一六日午後の臨時閣議で、アイゼンハワー大統領の訪日延期（実は中止）を発表した。治安情勢にかんがみ、大統領に「万一の事態があることを考慮して」だという。一人の女子学生の死は、政府にとっても大きな誤算だったのだ。

一六日夜には、茅誠司東大総長が声明を出した。死者まで出した乱闘事件は学生側にも責任はある。しかし、警官に多分の行きすぎがあったことは明らかで、このような事態のもとでは、大学が学生教育の任務を果たすことはとうてい不可能だと、政府に対して民主主義の回復を求めた。

新聞論調は全学連に批判的だった。一七日朝刊で在京七新聞社（朝日・産経・東京・東京タイムズ・日本経済・毎日・読売）が、「暴力を排し議会主義を守れ」という共同宣言を発表した。

「六月十五日夜の国会内外における流血事件は、その事の依ってきたる所以を別として、議会主義を危機に陥れる痛恨事であった」として暴力を排斥した。そして、政府の良識を期待すると同時に社会・民社両党に対して、「これまでの争点をしばらく投げ捨て」て国会の正常化に努力することを要求した。

これに対して評論家の中野好夫が投げ捨てろという「争点」とは何かと激しく詰めより（『朝日新聞』六月二一日付「声」欄）、樺俊雄も「体験的新聞批判」（『中央公論』八月号）で、「全学連の学生たちをして国会構内への侵入を余儀なくさせた根本の原因である政府・与党の五月十九日―二十日の非民主的な行動は不問に附するというのであるから、これほど不条理なことはない」と共同宣言を非難している。さらに、六・一五の報道について、「下級社員である第一線の（略）取材記者がなまなましい体験をもとにして作製した現地報道は、ややもすると上級幹部の意図に反する」としてボツにされたり、手を加えられるとして、六月一六日付『朝日新聞』朝刊の早版と遅版を例に実証している。

新聞社の共同宣言にもかかわらず、全学連の動きは地方へと拡大し、国会周辺にも地方の大学の旗が増え、デモや集会はいっそう勢いづいた。一般市民も抗議の意思表示になだれをうって国会に向かった。それは全学連の行動にさえある共感をよせ、樺美智子の犠牲に同情したからだった（信夫清三郎『安保闘争史』）。

銀杏並木を埋めつくした五〇〇〇人

東大でもさまざまな動きがあった。「東京大学文学部国史研究室　有志」は六月一六日付で次のような抗議ビラを出している。

「昨六月一五日夕刻、岸政府は集団的暴徒と化した警官をして多くの学生、労働者に対して言語に絶する暴行を加え、あまつさえ、われわれの友である樺美智子さんの生命をうばった。このことにわれわれは限りないいきどおりをおさえることが出来ない。／われわれは昨夜の岸政府のファッショ化によって事態は一変したと考える。このような岸政府の行動を認めることは民主主義を守ろうとするものにとって絶対許されないことである。／われわれは樺さんの死を悼み、政府、自民党、警視庁に強く抗議する」として、「岸退陣まで全学抗議休講を行う事」「樺さんの全学慰霊祭を速かに行う事」を提案している（『資料　戦後学生運動』五巻）。

「有志」となっているので、一三日の抗議声明と同じメンバーなのか、急いで居合わせた者が作成したのかはわからない。

同じ日の午後、東大自治会中央委員会（九学部）は、緊急委員会を開き、一七日から岸内閣打倒の日まで無期限ストに入ること、一八日に樺美智子の大学葬ののち国会へデモ、徹夜で座り込むことを決めた。

一八日午後一二時半から「樺美智子さんの死を悼む合同慰霊祭」が法文経二五番教室で行なわれた。本郷でもっとも大きい教室である会場は八〇〇〇人の参列者で埋まった。入れない学生と教職員五〇〇〇人が時計台から銀杏並木にかけてを埋めつくした。会場正面には全紙二倍大の遺影が飾られ、左右に参加各団体の半旗、その前に花束。葬儀ではなく、無宗教の慰霊祭である。東京芸術大学作曲科二年堀田鮎子の演奏するショパンの「葬送行進曲」で始まり、西洋史の堀米庸三教授の司会で進行。

慰霊祭委員長の岩生成一が、優秀な教え子を喪った悲しみを開会の辞で述べた。黙禱ののち、解剖に立ち会った坂本昭が「地検当局の発表した死因には疑問があり、扼殺の疑いがある」と発表。弔辞は、茅誠司総長（大学学長会議出席のため、岩生が代読）、桂文学部長、友人代表で金田晉（文学部学友会委員長）と田中和子（教育学部四年生）。

次に、神戸高校の同級生で法学部三年生の加藤亮太郎が、美智子の遺作として語り継がれることになる詩「ブリュメール」と「最後に」を朗読した。初めて公開されたもので、加藤が所蔵していた事情は一章で述べた。大きな感動が広がり、続く全学連慰霊祭でも加藤が朗読することになる。慰霊祭の様子を伝えている『東京大学新聞』六月二二日付（樺さん追悼号）にも紹介されており、初めて活字になったものと思われる。

最後に挨拶に立った父親は、「現在民主主義は国会のなかにはなく、わずかに抗議集会やデモのなかに燃え残っているだけです。娘は殺されましたが、娘の死がわが国の民主主義と平和を守るために役立つならば、わたしの親としての悲しみはこの上なく慰められるでしょう」と途切れがちに語ったという。

慰霊祭は三時ごろに終わり、両親と兄二人を先頭に教授を含めた参加者四〇〇人が遺影を掲げながら、赤門を出て国会へと喪章デモをした。途中から駒場の学生二〇〇〇人と市民たちも加わった大行列が国会に着いたのは五時ごろ。すでに約六万人の学生、労組員、市民団体などのデモ隊が周辺で気勢をあげており、喪章デモ隊は大きな拍手で迎えられた。

南通用門には立派な祭壇ができていて、両親を驚かせた。社会党議員で安保特別委員だった飛鳥田一雄らが用意したものである。ラジオの深夜放送で聞きつけた一般都民が、ぞくぞくと南門にかけつけ、祭壇に花束と線香を捧げ、夜明けごろには、色とりどりの花束で埋めつくされた。

壊された南門は有刺鉄線で応急処置がしてあり、そこにもびっしりと花が刺してある。覆いかぶせるように、「虐殺抗議」の大文字。誰が作ったか、一篇の詩が有刺鉄線の上に捧げてある。

「友よ！／雨の中に／くずおれた赤い花のように／倒れて動かなかった友よ／全てをすてて／自由と平和をまもろうとした／友よ！／私たちは忘れない／この激しい

混迷の中で／生命をかけて／戦った君の姿を／私たちは忘れない／君を斃した／黒い手の人々を／友よ！／みていたまえ／私たちは闘うだろう／友よ、みていたまえ」

両親は娘の死んだ現場をひと目見たいと、あらかじめ社会党議員に頼み、国会構内に入ることができた。現場と思われる場所に花を手向け、構外へ出て、花に埋まった南通用門の前にたたずんだとき、俊雄は初めて、岸内閣に対する国民の怒りが広く深く広がっていることに気がついたという。

「私の知っているかぎりでは、世界中のどんな国の国会議事堂にもこんな政府攻撃のスローガンがかかげられたという事実を知りません。日本の憲政史上はいうまでもなく、世界の憲政史上でもこういう国民の抗議が悲しみと怒りをこめてなされたという事実はなかったろうと思います。そんな意想外の事実がおきているのをそのとき見て、私ははじめて娘の死という事件が世間からどんなに大きく扱われているかを思い知らされたのでした」（『最後の微笑』）

家族らが去ったあとも、焼香台に頭を垂れる人が引きもきらず、国会周辺は座り込んだ空前の人波でびっしりと埋め尽くされた。

全学連主流派が国会へ押しかけたのは午後三時ごろ。正門前は学生たちの黒いこうもり傘と、喪章を結びつけた自治会旗で埋まった。この日も、全学連は国会突入を考えていたが、指導者がいない。

ブント指導部の生田浩二は怒濤のような人波を見ながら、「これだけのエネルギーがありながら何もできないなんて……壮大なゼロだ」と口惜しがったというが、幹部で無傷なのは島と生田のみ。革命を掲げながら闘ってきて、絶好の場面を迎えながら、島は、力尽きて方針が出せなかった。

官邸の岸首相は次つぎともたらされる「国会に突入する」「官邸を占拠する」というデマに振りまわされた。午前零時が近づくと、しきりに自衛隊を出動させろと迫ったが、防衛庁長官の赤城宗徳が反対して見送られた。一九日午前零時、日米安保条約改定は国会内外の割れるような怒号のなか、自然承認された。


「あなたは死ななくてすんだ」


六月二二日、国鉄を中心に抗議ゼネストが行なわれた。自然承認された安保を認めないと抗議しているのだ。雨の品川駅のホームに学生と労組員がびっしりと座り込んでいる。新宿駅の地下道にも早朝からスト応援団が座り込んだ。

二三日、藤山外相公邸で、外相とマッカーサー大使のあいだで批准書の交換が行なわれた。ほぼ同時刻、岸は臨時閣議で所信表明を行ない、新安保条約の発効を機に、総理大臣を辞する決意を表明した。

日比谷公会堂では、全学連主催の「故同志樺美智子全学連慰霊祭」が進行中。黒枠で包まれた遺影はスーツ姿、おだやかなまなざしで、まっすぐに正面を見つめている。この日も会場に入りきれない学生、それに一般参会者が会場の外に控えていて、献花のときだけ会場に入るという状態だった。

開会の挨拶、慰霊祭執行委員長挨拶、黙禱のあと、故樺美智子経歴が読みあげられた。生年月日と学歴の次に列挙したのは活動家としての履歴。

「一九五七年 東京大学に入学。ただちに全学連の反帝闘争に積極的に参加。東大教養学部自治会自治委員に選出さる。反戦学生同盟（現、社会主義学生同盟）に加盟。日本共産党に入党。

一九五九年 労働者階級解放の事業を裏切りつゞける日本共産党と袂別。新しい前衛党をめざす共産主義者同盟に加盟。東大文学部学友会副委員長に選出さる。全学連の安保改定反対闘争の指導的メンバーとして活躍。十一・二七国会デモに参加。

一九六〇年 岸首相の安保調印渡米阻止のため、全学連羽田デモに参加し不当逮捕さる。日共のあらゆる誹謗にもかかわらず、官憲の弾圧に非妥協的に獄中闘争を行う。釈放後も安保改定阻止・岸内閣打倒のために運動の先頭に立って闘う。六月一五日 国会デモに参加し、官憲に虐殺さる」

続いて、坂本昭の解剖報告、全学連中央執行委員北小路敏の追悼演説。弔辞は友人代表田中和子、文化人代表清水幾太郎、社会党書記長江田三郎、詩人深尾須磨子が自作「ばらは死んだ」を朗読、同盟書記長、詩人吉本隆明の順。弔電披露のあと、加藤亮太郎の遺作朗読、遺族挨拶。「国際学連の歌」と「インターナショナル」を全員で合唱した。

清水幾太郎の追悼の辞は、全学連の闘いを讃え、「あなたは最大の犠牲者として、かけがえのない生命を安保斗争のために献げる事になったのであります」と悼み、統一戦線を作れなかったことを悔やんでいる。「若し、安保斗争に参加する諸団体が全学連を味方として包みこんでいたならば、また、強い団体弱い団体を、有機的に組み合わせて立体的な統一戦線を形作る事が出来ていたならば、あなたは死ななくてすんだのです。そして、私達は安保を叩き潰す事に成功していたのです」と。

慰霊祭にぎりぎり間に合って会場に持ち込まれた共産主義者同盟機関紙『戦旗』(六月二一日付)は、美智子の追悼号。一面に黒枠で囲んだ追悼文「プロレタリアの若き戦士　同志樺の死をいたむ」は生田浩二が執筆。

「一九六〇年六月十五日夜わが同盟の最も勇敢で、最も有能な活動家、同志樺美智子は、群る官憲の棍棒と泥靴の下、廿二才の若き生命を奪われた。／同志樺は、わが同盟が創立される以前から、すぐれたプロレタリア前衛の一人であつた」と、型通りの書き出しで、「おどろくべき英雄主義と献身的情熱」、「不屈の革命的活動」、「権力の暴圧に、一歩もひかなかつた」といった政治的な言葉が並んでいる。

今となっては、言葉が上滑りする感じだが、彼女の性格に触れたところには、本人を知る人でなければ書けない真実味がこもっている。

「君は、多くを語らぬ謙虚な魂の持主だつた。君の革命的活動には、少しの気負つた調子も、思い上つた軽薄さも見られなかつた。だが、おどろくべき強じんな頭脳と、断じてゆるがぬ意志と、いかなる熱狂にも動ぜぬ冷静な理性と、そして、豊かに感動する魂を持つていたことは、君を知る誰にも明かなことだつた。もし君が波らんに満ちた生涯を続けたならば、なしとげられたに違いない成果を思うとき、われわれは、心から痛惜の念に満される。君は、おそらく最高の変革者として、新たな歴史をきりひらく偉大な存在となつたに違いない。君のすぐれた才能が、まだほとんど開花せぬうちに、うばわれたことは、わが同盟にとつてのみでなく日本プロレタリアートにとつてかけがえのない損失であつた」

そして、「われわれは君の偉大な革命家としての生涯に劣らぬ決意をもって闘い」、「断じて君の初志…プロレタリア世界革命を完遂するだろう。／同志樺よ、安らかに眠れ」と、共産同中央委員会の名で誓っている。

死者へのはなむけだとしても、「偉大な革命家」などと呼ばれて、地下の美智子は恐縮してしまったにちがいない。

「国民葬」というネーミング

翌六月二四日、日比谷公会堂（第一会場）と日比谷公園野外音楽堂（第二会場）で行なわれた本葬は「国民葬」であった、と新聞が報道している。国葬とまぎらわしいが、国葬は国家の儀式として、国費をもって行なわれる儀式のことである。美智子の場合は、その死を悼む各界代表者が集って作られた「樺美智子国民葬葬儀委員会」の手で行なわれた。安保条約反対組織による、つまり国民共闘会議が中心になった「国民葬」ということになる。ネーミングの妙というべきか、国をあげてその死を悼んだかの印象を後世に残すことになった。

もちろん、その規模、反響の大きさは、一人の人間を送る葬儀としては破格のものである。送られる人が弱冠二二歳の若い女であってみれば、それは空前絶後といっていい。まさに「国民葬」ではある。

母光子は「国民葬」が行なわれると知ったとき「度を失った」「気が重かった」と書いている（『婦人公論』「美智子よ、道を示して下さい」一九六〇年八月号）。遺族としては、静かに死者を弔いたかっただろう。しかし、それはできない相談であった。美智子の死は、政局を左右するまでになっている。反自民党勢力としては、政治的プロパガンダに最大限に利用する。あれほど「ハネ返り」と批判した国民共闘会議なのに、行動の正当化、美化に言葉を尽くすことになる。実行委員会の顔ぶれは以下の通り。

葬儀委員長　西川景文《にしかわかげふみ》（仏教者平和協議会常任理事）

副委員長　田中和子（学友、東大教育学部四年生）
葬儀委員　上原専禄（元一ツ橋大学学長）、浅沼稲次郎（社会党委員長）、杉捷夫《としお》（東大文学部教授）、末川博（立命館大学学長）、海野晋吉《うんのしんきち》（自由人権協会会長）、青野季吉《すえきち》（文芸家協会会長）、千田是也《せんだこれや》（俳優）、久布白《くぶしろ》オチミ（日本キリスト教婦人矯風会副会頭）、野溝勝（全日農委員長）、野坂参三（共産党議長）、水口宏（安保阻止国民会議事務局長）、岩生成一（東大文学部教授）、太田薫（総評議長）、唐牛健太郎（全学連委員長）ら一六人。

国民共闘会議に名を連ねている組織の代表と、学者、文学者、演劇人、女性運動家など各分野の代表が顔をそろえている。西川景文は、文化人らによる「安保批判の会」の中心メンバーとして、五月一九日の強行採決以降、しばしば僧衣に高下駄の装いでデモの先頭に立ってきた人である。

日比谷公会堂の広いステージは緑の杉でおおわれ、正面に丸衿セーター姿の遺影。ゆるい勾配の床斜面にも杉の葉を敷きつめ、中央に白菊で両翼を広げた平和の象徴鳩を表し、白布に包まれた遺骨がその上に安置された。

ステージ前方には「樺美智子さんの死をムダにすまい」と大文字が横書にされ、祭壇の左右には十数本ずつの赤旗。壇上には葬儀委員と樺夫妻が居並んだ。チェロとバイオリンによるショパンの「葬送行進曲」が式の開始を告げる。

西川の挨拶に続き、共同通信社記者が当夜の様子を報告、坂本昭はここでも扼殺の疑いが強いと述べた。次に国史学科の先輩大口勇次郎が生前の美智子を語り、各界代表が弔辞を述べた。俳優座の千田是也が「誓い」を朗読したあと、満員の参会者が一人一人菊の花を手向け、学友による「同志は倒れぬ」と「忘れまい六・一五」の合唱でしめくくった。演奏及び合唱は芥川也寸志指揮、式の準備や進行全体は松山善三が受け持った。公会堂に入れない人は、第二会場に集って哀悼の意を表した。

式後は、東大や全学連慰霊祭のときと同じように、しかしはるかに大きな規模で、遺影と遺骨を先頭に、長い長い隊列が国会の南通用門までをゆっくりと行進した。先頭が南通用門に着いたときにもまだ日比谷を出発する人がいるという有様だった。沿道では道行く人びとが立ち止まって、頭を垂れながら行列を見送り、周辺のビルの窓からも多くの顔がのぞいて手をあわせた。首都の中心でこんな喪章行列が見られるのは、天皇の葬送のとき以外にはない。

南通用門の祭壇に遺骨を安置して、遺族はかたわらに立ち、あとからあとから続く人びとが焼香するのに礼を返した。その間、合唱団が「忘れまい、六・一五」を緩やかに歌い続けた。この歌は、美智子に捧げるために、八木柊一郎が作詞し、林光が曲をつけたものである。

「忘れまい　六・一五

忘れまい　六・一五／若者の血の上に　雨は降る／ひとつの手は　砕かれた／すべての手を　組ませるため／忘れまい　ぬぐわれぬ血／われらすべての　夜明けまで／手に手をわたせ／さらに　さらに　かたく／忘れまい　六・一五／若者の怒りに闇は光れ／断ちきられた　そのいのちは／われらのうちに　よみがえれ／忘れまいぬぐわれぬ血／われらすべての　夜明けまで／手に手をわたせ／さらに　さらにかたく」

東大の慰霊祭、全学連慰霊祭、国民葬と死後一〇日足らずのうちに三つのセレモニーが執り行なわれた。無惨な死からわずかしか経っていないが、あるイメージができあがりつつあるのがわかる。イメージ操作といってもいい言挙げにかかわっているのは、文学者たちである。

まず、全学連葬で深尾須磨子が朗読した長詩「ばらは死んだ」の一、二連。

「のしかかった黒いつばさの下／ふりしぶく冷雨にまみれ／ばらは死んだ
生きながらばらは死んだ／正義のばら　抵抗のばらは死んだ
一九六〇年六月十五日のゆうべ／祖国愛にもえ／人類愛にたぎりつつ
生きながらばらは死んだ／正義のばら　抵抗のばらは死んだ

美智子さん／《美智子は非の打ちどころのない娘だった》
と　あなたの父君樺教授は語っている／その美智子さん
あなたは原爆一号国民の先頭に立ち／世界人類の戦争を拒み
戦争の導火線につづく一切の／有形無形の悪循環を拒んだのだ
あなたの青春に予約された／英知と愛と美と自由の
夢と理想の時空をこの一瞬に縮め／あなたは死をかけて
人類の不正に抵抗したのだ（以下略）」

深尾の朗詠を聴いて、美智子を知っている人たちが、ああ、心から美智子を悼み、顕彰してくれていると思っただろうか。いくらか違和感があったのではないか。亡き人のイメージとかけ離れているからだ。樺美智子にばらは似合わない。「祖国愛」や「人類愛」といった、ありったけの賛辞は、詩人には失礼だけど言葉が死んでいないか。追悼歌とはそんなものと言われればそれまでだけど。

詩人だけではない、歌人も動員されて歌った。国民葬で宮崎白蓮の哀悼歌「我が国にジャン・ダーク出ず若人よ、彼女の死をむだにあらすな」を新劇俳優の三島雅夫が朗読した。大正時代に日本の恋愛史、結婚史に一頁を刻んだ白蓮は、戦争で愛息を喪い、世界連邦婦人部を結成し、平和運動に奔走している。そういう意味では、深尾とともに妥当な人選かもしれないが、フランスの救世主ジャンヌ・ダークに擬してよいものか。

　きわめつきは、日本女性同盟が捧げた弔辞である。五月二〇日以降、刻々に強まる国民のスクラムと批判の声に狼狽した政府が、愛国者たちに襲いかかったとして、支配者を非難する文言に続けて、「新しい社会の訪れる日まで、私たちはけっして斗いをやめません」と誓い、「日本のキリストとなられた美智子さん」と呼びかけている（『美智子の想い出』）。日本女性同盟には、のち光子が加盟するが、委員長の藤間《とうま》身加《みか》栄《え》はクリスチャンである。美智子はとうとう「キリスト」にまで持ち上げられてしまった。

　もっとも、国民会議の中心である社会党のなかにも、異なる意見があった。社会党参議院議員の加藤シヅエが、『週刊女性』（六〇年六月二九日号）の取材に対して、「六月十五日の全学連の暴行は、日本国民の心を、震がいさせずにおかなかった……。／これは、一部の破壊的イデオロギーによって動かされる少数者が、暴力をもって政府を転覆しようとする、きわめて危険な意図によるものである」として、今度こそは勇気をもって立ち上がり、「日本を共産主義から守り、正しい民主主義を打ち立てるために全面的にたたかうことを誓う」と語っている。

　事件直後の社会党内で優勢だった見方を加藤は代表している。それなのに美智子礼賛に傾いたのは、その日を境に全学連に同情が集まり、多額のカンパが寄せられた。

それにあやかりたかったのだろうか。

可憐な少女のつぶらな瞳

秋田雨雀のメッセージにも違和感がある。東大葬で読みあげられたのち、色紙に認《したた》めて樺家に贈られ、大事に所蔵されていると聞くが、その文言は、「永遠の処女は／平和のために／たたかいて／今ぞ帰りぬ／盾にのせられ　永遠の処女　樺美智子を讃して」というものである。

雨雀は、このときから二年後に七九歳で亡くなっているから最晩年ということになる。なぜ「永遠の処女」礼賛なのか。死んだ女が未婚でなかったら、あるいはあばずれと言われるような女だったら、その人にどう呼びかけたのだろうか。そもそも関心をもたなかったのか。

そして、プロローグで紹介した松山善三の「この暴挙ゆるすまじ　6月19日午前0時　歴史の瞬間に立って」(『週刊朝日』六〇年七月三日号)における少女礼賛である。

松山は、国民葬全体をプロデュースした人である。

「有権者の三分の一を越えるという二千万人余の新安保反対請願も、日本歴史はじまって以来という空前の大衆行動も『十九日午前0時』という〝時〟をおしとどめることはできなかった」という文章に始まり、俊雄の挨拶「娘の死が民主主義と平和を守る、なにほどかの力となり得るならば、父としての悲しみは薄らぐだろう」を引いたあとに、こう述べている。

「その言葉には真実があふれ出ていた。しかし、美智子さんの死が平和を守る大きな力になり得たとしても、父として、母としての樺先生夫妻の悲しみは、永遠に深く胸をかきむしられるような思いとなって決して消えないであろう。それはセーターに身をつつんだ可憐な少女のつぶらなひとみが、はっきりと物語っている。一ファシストに牛耳られたおろかな不安な日々の政治下になかったならば、彼女の未来には、恋や結婚や育児という、輝かしい、そして美しい人間の生活があり得たはずだ」

こうして樺美智子は、非情な国家に抵抗して、民衆の先頭に立ち、敢然と闘った少女、国の救世主というイメージに仕立てあげられ、限りなく無垢の光を放ちながら増幅していくのである。

キリストやジャンヌ・ダークは大げさにしても、また、「可憐な少女」は美化しすぎるにしても、清潔な女学生というイメージは、確実に定着した。その印象ゆえに、安保後の六〇年代に盛んになる市民運動の担い手たちに好意をもって受けとめられることになる。とくに、子を持つ母親たちが、彼女をわが子の姿と重ねあわせて共感を寄せるのである。

一方で彼女の死を招いた思想と行動を自身の問題として深く心に受けとめ、その後の生き方の指針にした若者も多い。

美智子が死んだとき高校生だった奥浩平は、その死に衝撃を受けて抗議のデモに参加。『人しれず微笑まん』が出版されると鞄に入れて持ち歩き、女友達への手紙に、美智子への傾倒を綴る。横浜市大に進み、「今後四年間学生生活を送ろうとするにあたって、樺美智子を頭の隅に置きたいと思う。前進しては必ず樺美智子に立ち戻ろうと思う。ぼくの心のよりどころを樺美智子にしたい」とノートに書きつけた(『青春の墓標』)。

やはり、当時高校生で、六月一五日に国会周辺の群集のなかにいて、のち作家になった干刈あがたは、そのデビュー作『樹下の家族』(一九八二年刊)のなかで、いくたびか「美智子さん」と呼びかける。六〇年代と八〇年初頭を行きつ戻りつするモノローグ体で、生きる方向を見失いかけた体験を語りながら、「美智子さん、私の前にもう一度」、「知恵と勇気のブルーフラッグをはためかせてください」と結んでいる。作者と等身大と思われるこの小説の主人公にとって、樺美智子は二〇年後も道しるべなのだ。

母光子の手記に「遠く離れてしまった星　美智子の霊よ、安らかに」(『週刊朝日』六〇年七月三日号)がある。手記の最後に近く、「あなたは私に、充分なものを残していってくださった。この上は、地球の衛星の一つともなって、この世に平安を与えてくださることを祈るばかりです」とある。

これを読んだある若者が、「樺美智子よ／星になるな／僕達の肩にのれ」という詩を作ったと、光子が紹介している(『友へ　樺美智子の手紙』)。

誰がどこに発表したものなのか突き止められなかったので、詩句の前後がわからないが、美智子が反体制運動のシンボルとして、若者たちの肩にかつがれていくイメージを巧みに抒情に溶かしこんでいる。

こうして樺美智子は、こののち十数年続く政治の季節に、新左翼系の学生運動や市民運動の集会に、スローガンとともになくてはならない存在になっていく。そのかつぎ方は、多分に〝勝手連〟的ではあるけれど。

六章

父《ちち》母《はは》の安保闘争

全国から寄せられた手紙に見入る美智子の両親

悲しみのなかでペンをとる両親

美智子が亡くなって一年余、一九六一年九月一日付の母光子の手紙がある。

「(略)今日から九月を迎えます。昨年もそうでしたが、今年も暑い夏を仕事に追われて過ごす身の上を考えず、何か新しい生き方を与えられるようになった自らというものを考えています。

五十五歳といえば、そして子供も大きく育ってしまったものなら、ほっと一息して何か隠居者めいたことを考えるでしょう。私は二、三年前からそんな気持ちでした。ところが全く違った人生を歩きはじめております。身体も大変丈夫になったようです。／そしてずっと若い頃、夢や希望を持った頃と同じような夢や希望を持つようになりました。私は美智子が私に新しい生命をくれたものと解釈しております。(略)

私が社会に押し出されてから丁度一年程になりますが、何が一番うれしかったか、それは人の善意というものを数多く知ったことでした。一番始めに知ったことは、美智子という娘を知ったことでした。／私の娘として知っていた時には決して分からなかったことを、私の側から離れていった後に、はじめて知りました。私は幸せだと思い、その死を無駄にすまいと思いました(略)」

平和運動家の横井亀夫にあてた手紙で、横井陽一編『回想　横井亀夫の生涯』に収録されている。八月に光子が画家の丸木俊や横井らと広島の原水爆禁止世界大会に出席したことに関連しての礼状である。

末っ子の美智子の大学生活も四年目になり、母としての役割もほぼ果たし、ゆったりと老後を楽しむはずだった光子が、思いがけない娘の死によって社会に押し出され、新しい生き方を与えられたことを、「幸せ」と表現している。

美智子の安保闘争は二二歳で燃え尽きたが、父母《ちちはは》の安保闘争はその日から始まった。美智子はみずから望んで政治運動に飛びこんでいったが、父母は巻き込まれたといっていい。俊雄は、学者として、大学教員としての確固とした足場があったが、主婦専業だった光子は、彼女が言うように「社会に押し出されて」、そして、後半生の生き方を大きく変えていく。美智子の死によって始まった父母のその後を追ってみる。

国民葬と銘打たれる大がかりなセレモニーがあった。さまざまな儀式はしかし、政治的なイベントである。そのあと一定の期間が過ぎて、静寂がきて、しだいに忘れられていくというのが世のならいだが、彼女が忘れられることはなかった。

忘れられるどころか、一つの政治運動の犠牲者としてだけではなく、六〇年代のシンボルとしての女性像が定着していく。それは多分に聖化された、実像とずれた聖少女像で、前章で見たような政治的な仕掛けがあるが、両親が世間に提供した情報も大きく与《あずか》っていると思われる。

美智子は非のうちどころのない娘だった。恵まれたインテリ家庭、東大生、社会変革のために闘った人。清純で、誠実で、真面目で、ひたむきで、向上心に富み、誰にも優しい……。美智子を語る人びとの評言はほぼ一致している。たしかにそうだったのだろう。そのイメージを率先して提供したのは両親である。

注目された死とはいえ、両親が競うようにわが娘について書いたのは他に例を見ない。これまで随所で引用してきたように、両親は事件直後から押し寄せるマスコミの求めに応じ、語り、かつ書いた。事件の真相究明を訴えるだけでなく、娘がどれほどすばらしかったか、言葉に言葉を重ねた。

俊雄は、もともと文章を書きなれた人だが、光子は、娘の死によって隠れた才能を引き出されたともいえる。なにごともなければ、学者の妻として静かな後半生を送ったにちがいない人のペン先からほとばしり出る言葉は、寡黙であった美智子に代わって溢れ出た洪水のようでもある。

その文章は、丹念に推敲する時間はなかったと思われるのに、よどみなく、かつ心情がこもっている。美智子の文章は、つねに破綻のない規則正しいリズムを刻んでいるが、欠点を指摘するとすれば情感にとぼしい。光子の文章は対照的に感性が豊かである。

事件直後から一九六〇年中の半年間に俊雄と光子が執筆した文章で、わたしの目にとまったものだけでも、週刊誌、月刊誌あわせて一一本と、単行本二冊がある。インタビューに答えたものはカウントしていない。

単行本以外は、週刊誌と月刊誌の違いから、いずれも六月中には書いて出版社に渡したと思われる。俊雄の手記掲載は、一月の羽田事件のときに執筆した雑誌で、「嵐の議事堂に消えた娘——運命の六・一五——父は知っている娘の死の意味を——」（『文藝春秋』八月号）と「美智子よ、永遠に眠れ」（『若い女性』八月号）。

前者は、「危機にたつ民主主義——六・一五前後」という特集のなかの一本で、他に猪木正道、隅谷三喜男、小泉信三、山下肇らが寄稿している。

六月一五日の自身の行動や一月の羽田事件以後に美智子と話し合ったことなどを述べたのちに、政府批判に移っている。五月一九日の政府の「謀略と欺瞞とに満ちた会期延長と衆議院での条約可決との暴挙」で事態は一変したとして、抗議デモが既成の法の秩序を破るような形をとったのも、民主主義を守るためのやむをえない行為だから「私は娘をせめない」と。

最後に、「民主主義に目覚めた国民がどんどん殖えて行って、平和と民主主義の実現に立ち上がって行くならば、娘の死などはなんら惜しむにあたらない」と言っているのは、葬儀での挨拶と同じトーンである。

この手記が公的な見解だとすれば、二四日の国民葬で儀式が一段落した翌日にペンをおこしたとみられる「美智子よ、永遠に眠れ」は、父としての思いを披瀝。遺品のなかから、すなおな、やさしさに溢れた感性の見える小学校時代の作文と詩各一篇、社会問題に目覚めて早くも疑問を表明した中学時代の作文二篇を紹介している。いずれも美智子の非凡さをうかがわせる文章である。

この二本の原稿に手を加え、さらに高校時代についても、美智子が作文や手紙の下書きを手許に残す習慣があったことから、それらを紹介しながら、自身の感想を加えて一冊にまとめたのが、単行本『最後の微笑』(文藝春秋新社、九月一〇日発行)。四六判ハードカバー、函入り。函デザインは白い紙に包まれたパンジーの写真で、カメラマンは秋山庄太郎。本扉のカットは堀文子。まえがきの最後に「一九六〇・八・一二」とあるから、事件後二カ月弱で脱稿したことになる。書きなれているとはいえ、驚くほどのスピードである。

出版社から娘の思い出を書いてはと奨められて筆を執る決心をした理由を、俊雄は二つ挙げている。一つは、娘を追憶するよう自分に強いることで、いくらか気が軽くなるのではないかと思ったこと。もう一つは、娘についての評価が善いにせよ悪いにせよ、いろいろの誤解がつきまとっているから娘のありのままの姿を知ってもらいたいがためだという。

俊雄の葬儀での挨拶や書いたものが、感情を抑制した冷静な印象を与えるのに対し、光子のそれは、母親としての感情が流露している。

光子が公衆の前で語ったのは、六月二三日の全学連慰霊祭が初めてと思われる。その挨拶が『東京大学新聞』(六〇年七月一一日付)に載っている。

「こんなに大ぜいのみなさまにお目にかかれてうれしゅうございます。思いがけない慰霊祭という記念すべき日に、私のあいさつができるのをうれしく思います。(略)

ほんとうにあの子は不思議な子でした。あの子と暮らしてたのしかった。やさしくって、うらみがましい目をむけたこともない。いつも一歩先に立って、やさしく私の手をひいてくれた。本当にやさしい子でした。私にはすぎたいい子だった。二十二年間いっしょに暮らしたことをしあわせだと思います。至らない母親でも、こんな大ぜいのお友だちに紹介されたのですから、墓場にはいるまで、なげかずに強く生きたいと思います」

美智子がどんなに大きな存在だったか、母は訴え続ける。「特別手記　美智子は私の光だった　国会前乱斗デモで死んだ娘によせる母の声」（『週刊平凡』六月二九日号）は四頁にわたる手記。

「その日の朝も、美智子は、どうしても行かなければならないといって、家を出かけました」と書きだし、「私にとって光であった美智子がいなくなって、これからどう生きていけばよいのでしょう」と途方にくれる気持ちを告白したあと、正義感の強い子で、友達の面倒もよく見るし、長期欠席の子に免状を与えてくれと学校に要求する、ひと様のことも、自分のことのように気を配る娘だった。「すべてが落着いたら、きっとどっと悲しみが押し寄せてきて、私はそれに耐えられるかどうかわかりません。／でも、私は一人の母として、また娘の生命を奪われた母として、若い人たちに言いたいのです。／勉強して下さい。／そして、若者らしく、率直に考え、いちばん大切だと信じることを最後までやりとげて下さい。／それから政治家や大人の方たちにも言いたいのです。／子どもたちに、大人はズルイと言われない、そういう生き方を示してやりたいものだ、と考えるのです」

こののち繰りかえし使われる「最愛の娘」「正義感の強い子」「弱い者への愛情といたわり」「理想を求める純粋な行動」「口数の少ない娘」といったフレーズが頻出する。そんな、すばらしい娘を失った悲しみに健気に耐える母の姿が強く印象づけられる手記である。めったに政治問題を扱わない大衆娯楽週刊誌を飾ったこの手記は衝撃的だった。安保条約はもう批准されてしまったが、人びとは新たな母と娘の物語を手に入れたといえるだろう。

ほとんど間をおかずに出た「遠く離れてしまった星―美智子の霊よ、安らかに」（『週刊朝日』七月三日号）でも、縋るように美智子に語りかけている。

『マドモアゼル』誌は、最後のデモ行進中の美智子に伴走して元気な姿をカメラにおさめており、八月号のグラビア六頁に公開。本文には、記者のドキュメント「嵐にそよぐ青春の記録」一〇頁、それに光子の手記「美智子よ!! なぜ死んだの」四頁の大特集を組んでいる。

光子の手記は、美智子がどれほどかわいかったか、どんなにやさしい子だったか、スポーツ好きでなりふりかまわず燃えるような向学心を持った子だったか、思い出をたぐりよせながら、書き連ねている。

同日発売のライバル誌『婦人公論』もグラビア五頁に、東大合同慰霊祭で頭を垂れる光子、祭壇に花を捧げる学生、国会南通用門前で「虐殺抗議」の大文字の前の両親の姿などを独自のアングルで捉えている。本文の光子手記のタイトルは「美智子よ、道を示して下さい」。いつも弱者に味方し自分の力のある限り救おうとしたこと、どんなときもイエスかノーをはっきり決めていたことなどを綴っている。「やさしかった美智子よ」と、何度も繰りかえしながら。

最愛の娘を喪った光子にとって、書くことが、すなわち生きることだったのだろう。それにしても、これらの手記に見る、美智子と母の一卵性母娘のような絆の強さは異常な感じさえ受ける。美智子が母で、光子が娘のような、逆転した関係で、夫も息子二人も健在なのに、幾度となく「二人」を強調している。

青木和夫の想い

美智子の周辺にいた人たちのなかに、彼女の死の責任がまるで自分にあるように責めの言葉を記し、あるいは語っている人がいる。五〇年経った今も、心のどこかにその思いを沈めたまま、と見受けられる人もある。

二〇〇九年八月、八三歳で亡くなった日本古代史研究者の青木和夫はその一人である。インタビューを申しこんだが、電話での短い応答だけに終わった。話すのは苦しい、樺さんについては二度書いた、それを見てほしいと。

羽田事件で釈放運動に走りまわった青木が、山梨大学助教授に転任後の五月、美智子と母が青木宅を訪問したことは前に書いた。美智子の動向を気にしながらも青木は、六月一五日、絶命したと思われるその時刻、自宅で仕事をしていた。

「自分がデモに参加するよりも、さし当って必要だと信じた仕事をしてゐたのである。私とて、デモに伴ふ快感と苦痛とを知らないわけではない。六月十五日といふその日の意味を、考へなかったわけではない。だが私は参加できなかった。さうして、起きてしまった事実が、私の心を嘖《さいな》む。警棒を浴びてゐればよかった。負傷してゐればよかった。それが偶然であっても、否、私のやうな人間の負傷することが、世の人に偶然と思はれればなほ」

慟哭が伝わってくる旧仮名づかいの手記は、六〇年暮れに刊行された『国史研究室』九号に「樺美智子氏私観」と題して掲載されている。青木は、心嘖む想いを、美智子の遺稿集出版に没頭することで、詫びに代えようとしたらしい。その経緯はこうだ。

七月に入り、光子の発案で遺稿集を編集しようということになった。青木にも編集委員会に加わってほしいと要請があり、何かしたいと考えていた青木は、二回目の編集委員会から顔を出した。以後、足繁く武蔵野市の樺家に通い、両親から美智子が書き遺したものを出してもらって年代順にまとめ、さらに大学の友人たちから美智子の手紙や葉書を提供してもらい、グラビアに載せる写真も整えた。そこまで進んだところで、計画が大きく変更される。

「『美智子の想い出』と名づけられた遺稿集がだいたい纏ってから、今度はそれをもとにして先輩友人の寄稿を加へ、市販する書物として三一書房から出版したいといふお話が御両親からあった。私は気が進まなかった。そして真夏の風邪を引き、家に引き籠ってゐた。先生方に原稿を頂き私も寄稿する形でお手伝ひしませうと。樺家からの使人に返事して置きながら、体を動かすのが大儀だった。旬日の後、三一書房から原稿を取りに来られたときには、『際物になるといけない』などと、あらずもがなのことを私は口走った。書房の人は、『わたくしどもも、商売ですから』と受け流した」

この文章からは、商業出版社から出版することで、どうかすると興味本位で読まれるのではないかという苦々しい思いと、しかし、樺家の意向であれば否やはいえず、その後樺家と距離を置くことになった事情が読みとれる。

青木は美智子が好奇の目にさらされるのを恐れ、少数の人びととのあいだだけで、彼女の思い出をあたためていたかったのだろう。最後にこう記す。

「彼女の写真を撮り、彼女の書いたものを公開し、彼女について論《あげつら》ふ人々。／何故そっとひとりにしておいてあげないのか。／亡くなってから半歳の間、事あるごとにさう思って来た私自身が、また彼女を論ってゐる。生きてゆくことは、こんなにも業の深いものであろうか」

青木だけではない。わたしが取材申し込みをした何人かが、「今さら」と言い、「もう忘れた」と会うのを拒否した。興味本位に死者を論うのではなく、安保闘争のなかで立ち枯れたまま、聖化された美智子の実像を甦らせるための取材なのだが、理解してもらえなかった。

『人しれず微笑まん』の出版

青木の手記からは、樺家に対する不信も読みとれる。印刷所に渡す寸前までまとめたものが、『人しれず微笑まん　樺美智子遺稿集』として三一書房から出版されたからである。新書判の初刷りは一九六〇年一〇月一日。出版まもなくベストセラーになり、毎年増刷され、何十万人もの読者の手に渡ったとみられる。

この新書判と同じ内容構成で、四六判函入りの『人しれず微笑まん』も、五日遅れで同書房から出版された。新書判は一八〇円で、こちらは三五〇円。当時の編集者に聞いたところによると、四六判のほうは光子のたっての希望で少部数製作された、いわゆる饅頭本。亡くなった人を偲ぶ文章などを、近親やゆかりの人びとに配るためで、ふつうは自費出版が多い。

加藤亮太郎が所蔵しており、見せてもらった。装丁としては珍しいフランス綴じもどきで、カバーと函は同じオフホワイトの品のいいデザイン。そっと愛蔵するにふさわしいおしゃれな造りになっている。

このサイズの異なる二冊の本に収録されている美智子の文章はまた、ほとんど同時進行で俊雄がまとめている『最後の微笑』（文藝春秋新社）にも収録されている。『人しれず……』のほうは、ナマに近い形で、『最後の……』のほうは、俊雄の文章に随意取り込むスタイルをとっている。娘を正しく理解してほしいという願いからにせよ、夫妻で競うように、遺稿を同時公開することに、青木は論うという言葉を使ったのかもしれない。あざとい気配がないではない。死んだ美智子は望まなかっただろうな、とも思う。

しかし、『人しれず微笑まん』が出版され、多くの人に読まれたことはよかったと、わたしは思う。美智子の遺稿を読み勇気づけられたという人、生きる姿勢が変わったという同世代の友人を、わたしは幾人も知っているから。

新書判『人しれず微笑まん』を読んでいて気がついたのは、初刷りとその後増刷されたものは内容構成が異なることである。初刷りにある俊雄の「まえがき」八頁分がのちには消えて、光子の「あとがき」一〇頁が「まえがき」に移っている。光子の文章にあった夫妻の結婚当時の逸話も削除されている。

『最後の微笑』も、のちに述べるように初版と改訂版（一九七〇年刊）の内容は大きく異なる。先行本と内容がほとんど重なる『死と悲しみをこえて』（一九六七年刊）も二人の共著で上梓している。それは、夫妻が絶えず娘の死の意味を問い続けるとともに、世間の反応を気にしていたからだといえそうだ。

一つ気になることがある。俊雄と光子が強調したのは、誰が見ても非のうちどころのない娘の姿である。命を落としたのも、あたかも平和と民主主義を守る学生運動のなかでの遭難という印象が強い。

彼女が何をめざして闘い、死んだかについては、巧妙に避けているとも受け取れる。美智子はブントのなかで、順位をつけるなら、女のなかでトップの位置にいてプロレタリア社会主義革命を実現するために闘ってきた人だ。平和運動のようなカンパニアはプチブル的だとして否定し、日本帝国主義を打倒しようとしたのだ。そのことから両親は意識的に目をそらし、学生運動に熱心な一般学生だったかのように書いている。『人しれず微笑まん』は、美智子の遺稿集であると同時に、第八部に「想い出と追憶のことば」という章をもうけ、一三人の文章や詩を載せている。国史学科の教官二人、友人の加藤亮太郎と榎本暢子。四人は一般の人。残りは毛沢東やボヤジェフなど社会主義諸国の要人や詩人からのメッセージ。

しかし、編纂にあたり、光子から原稿を依頼されたブントとその周辺にいた活動家たちが、運動のなかでの彼女の姿を書いた原稿は採用されていない。大口勇次郎や北原敦も原稿を渡しているが、それらは、のちに樺俊雄・光子著で出版された『死と悲しみをこえて』に切り取られて引用されている。活動家の追悼文は榎本暢子だけだが、同じ時期に京都の小出版社から小部数出た樺美智子追悼詩集『足音は絶ゆる時なく』に寄せている榎本の文章は、はるかに過激だ。

こうして見ると、出版物の影響力を考慮して、美智子のブント的においを消し、一般学生のイメージを強調したように思われる。しかし、のちに述べるように、六九年に刊行された『友へ　樺美智子の手紙』はがらりと印象が変わる。

出版されなかった幻の本ともいうべき『人しれず微笑まん』がもう一冊ある。青木和夫がこだわって作った本、というより冊子状態のままのものを、道広容倫から借りた。奥付がないので、いつできたのか、どうして手に入れたのか、道広の記憶にない。おそらく、『人しれず微笑まん』出版後のことだろう。

左上に美智子の写真、右上に『美智子の想い出』と印刷してあるだけの簡素な表紙である。

内容は、写真が豊富。八十翁から寄せられたという「一粒の麦地に落ちて……」の短冊、丸木位里・俊夫妻の絵、秋田雨雀の色紙、京都大学名誉教授新村出の「樺美智子嬢に捧げる挽歌」九首、家族写真、中学から大学までの友人たちとのスナップ、抗議集会や慰霊祭など一連の写真。

本文は、青木和夫が「いささか自筆の履歴書に似た」と書いているように、小学校以来の作文や詩、感想を記したノートの切れ端、レポート、ビラなど。それに樺家に寄せられた未知の人びとからの手紙、詩、色紙、短歌などが満載されている。秋田県教職員組合仙北支部からの詩や、ブルガリアやソ連の詩人から贈られた作品もある。これらは、ほとんど『人しれず微笑まん』に収録されているが、こぼれた、小学校のときの教師や中学時代の友人が寄せた思い出などは、のちに『死と悲しみをこえて』に引用される。

それに俊雄の「嵐の議事堂に消えた娘」と、光子の「美智子よ、道を示して下さい」も転載し、最後に美智子の略歴が載せてある。

哀惜と後悔の念を胸にたたみ、ありし日の教え子の声を聞き、姿を空に描きながら、ここまで整理し構成したものを、出版するからと持ち去られて、青木は掌中の珠をとられたような思いにとらわれたのだろう。家に引き籠ったのもうなずけるし、わたしのインタビューを一度は承諾しながら、約束の前日に断ってきたのは、苦い記憶を反芻したくなかったからだと思われる。

青木は思想的にはレフトではない。いわんやブントの突出した行動には一貫して批判的だった人だ。だから、美智子にブントの過激なイメージが定着するのを恐れ、興福寺の八部衆の「誰か」のような眼の持ち主が、阿修羅の形相で警官隊とぶつかりあう場面を想像したくなかったのだろう。

墓前祭と「六月の会」

九月一七日、多磨霊園で埋葬式が行なわれた。

樺家の墓所は裏門から入り円形のロータリーまで進み、東西に走る道を左手に入ったところにある。二一区二種三二側一四番に「樺家の墓」と書いた墓標と、「樺美智子墓誌」が建てられた。今はここに美智子だけでなく、父、母、それに早世した樺家の長男も眠る。墓誌の上段には、美智子の詩「最後に」が、下段には経歴が刻んである。

埋葬式の日も雨だった。大学時代の友人、全学連の同志はもちろん、政党や女性団体の関係者、文化人らも多数が出席して二〇〇人に及び、墓地の通路に溢れた。文化人を代表して清水幾太郎が挨拶した。

以後、毎年六月一四日か一五日にはここで樺家が主催する墓前祭が行なわれ、そのあと懇談会が持たれるのが通例になり、誰言うともなく「六月の会」と呼ばれるようになっていく。当初は友人が多かったが、大学を卒業してそれぞれの道に進むにしたがい姿を見せなくなり、佐多稲子、鶴見俊輔ら文化人が中心になる。年によって若い人の飛び入り参加も受け入れながら、墓地の入口にある茶屋「よしのや」を会場にしたり、都心の施設で懇談するときもあった。

その流れで国会南門に花を捧げるのも恒例行事になり、他の団体や個人が合流して、長く続くことになる。それはまた必然的に、学生運動や市民運動の動きの影響を受けたのも事実で、集う人の数も顔ぶれも変化する。

光子は毎年その日、見覚えの誰かれに会うのを楽しみに、なにはさておいても、この集まりを優先した。そこで彼らとつながることで、新しい美智子に出会いなおし、生きる力をもらったのだろう。それは光子が老人ホームに入る一九八〇年代まで続く。

美智子は母を心配させまいと、学生運動をしているとはいっても、共産党に入党、離党し、前衛党を名乗るブントの中心的メンバーだったことは話さなかった。娘の隠れた覚悟を知って、光子は決意する。

「ああ美智子よ、あなたは私から遠く去った、私にはもう何も話しかけてはくれない。やさしかった美智子よ。ただただ私にはやさしかった美智子よ。何とぞ、私に話しかけて道を示して下さい。私は祈りに似た気持でした。その時何回となく聞いていた言葉が思い出されました。『お母さんは弱いのよ、組織に入っていないから。主婦も組織に入りなさい』といっていたことでした。美智子が私から去って、私は一人になりました。すべては終ったように思います。けれどこれから先の私は或る意味で本当に生きるのではないでしょうか。一人で強く。いな、平和を願う戦列に加わって」(『婦人公論』六〇年八月号)

一九六〇・六・二六記と、日付まで記されているこの手記は、五四歳の母の強い決意表明と読める。

夫妻は、そろって新しい前衛政党をつくるための「社会思想研究会」に入会して勉強を始めたというが(『週刊新潮』六〇年一二月二六日号)、この研究会の正体は摑めない。わかっているのは、この年も押し迫った一一月の総選挙で光子が東京一区と大阪二区の社会党候補者の応援に走りまわったことである。

七月一五日に総辞職した岸内閣に代わって池田勇人内閣が誕生して初めての民意を問う選挙が行なわれたのは一一月二〇日。あれほど大きな反政府国民運動があり、一〇月一二日には社会党の委員長浅沼稲次郎が右翼少年に刺殺されるという事件もありながら、選挙の結果は、自民党の圧勝で終った。信任された第二次池田内閣は、経済優先政策を掲げて六〇年代を突っ走っていく。

人びとが豊かな生活に憧れるのに抗《あらが》うように光子は宣言する。

「美智子の死の意味が素直に私にわかったとき、私は美智子の全部を受けいれることができ、私も美智子のあとにつづこうと、決心することができた。生活する型のうえでは、各々違うだろうが、『その死を無駄にせず』と考えた人はみんな続いてゆくだろう。私は多くの人が、美智子のあとにつづくことを信じている。私もそのなかの独りでありたいと考えている」（「一九六一・六・一五　われわれの現在ＶＯＬ.１」）

そうして、誘われるままにさまざまな女性団体で活動し、学生運動を支援する。

一周忌前日の法廷に現れた樺美智子

一九六一年六月一四日、東京地方裁判所では六・一五事件の第一六回公判が開廷中。六・一五事件は戦後最大の学生公安事件として、被逮捕者三〇〇人、拘留学生七五人にのぼったが、多くは不起訴になり、結局、北小路敏全学連中央執行委員ほか、全学連と都学連執行委員、共産主義者同盟書記局員、東大、教育大、京大、早大、明大などの自治会幹部二三人が起訴された。罪名は、暴力行為処罰に関する法律違反、公務執行妨害、警察官に対する傷害罪、建造物侵入罪など。

第一回公判が六一年一月二七日で、以後、月二回のペースで進行。その法廷に樺美智子が姿を現したというエピソードがある。

被告の一人が公判廷の冒頭、「全員起立！樺美智子の霊に黙禱！」と叫んだ。裁判長が慌てて「裁判所はそれを許しません。死んだ人を利用して、諸君はそんなことをしてはいけない」と諭す。それでも被告らが黙禱を続けようとしたら、

裁判長「樺美智子に頼まれたのか？」

被告「はい、頼まれました」

裁判長「ほんとうか」

被告「ほんとうだ」

というやりとりがあり、裁判長は最後に、

「裁判所はそのままでは済ませません」

と怒ったという。

「それは、樺美智子さんが法廷に姿を現わしたような事件でした。裁判所は、このことがあってからというものは、毎年六月十五日が近づいてくると、その前後には公判期日を入れなくなりました」（水戸巌編『裁判闘争と救援活動』）

裁判は六五年五月に一一〇回で結審。八月九日に第一審判決があり、全員が懲役一年六月から六月の有罪で、いずれも執行猶予がついた。これほど裁判が長期にわたったのは、被告団、弁護団、救援会のねばり強い公判闘争があったからで、六・一五救援委員会には樺光子も名を連ねている。

その後、佐藤首相のベトナム訪問への抗議行動の際、死んだ京大生山崎博昭の死因など真相究明の救援活動の呼びかけ人にも、樺光子の名がある。こうした行動を通じて新左翼系学生運動の良き理解者として、光子はシンボル的な存在になっていくのである。

美智子が公判廷に現れて裁判長をうろたえさせた、その日の夕方、多磨霊園の墓碑は、折りからの激しい雨に洗われていた。集う者、一〇〇人足らず。「若者の上に血の雨は降る……」。ともすれば途絶えがちになる歌声のなか、立ち尽くす両親。参加者が手にしたローソクの炎が風雨にあおられ、消えそうになる。

翌一五日も雨だったが、各所で追悼集会が開かれた。ブントはすでに解体し、全学連は安保闘争の評価をめぐって割れ、混沌としている。多くの学生はなにごともなかったように学校に戻り、あるいは社会人になった。

午後三時から日比谷公園野外音楽堂で全学連主催の「六・一五一周年記念集会」開催。光子が涙、涙の挨拶をしたあとデモに移り、国会南通用門に向かった。東大生五〇〇人も国会付近で全学連のデモと合流。南通用門前で計二〇〇〇人が立ち止って黙禱をしようとすると、警官隊が公安条例違反だとしてさえぎった。「デモは歩くのが条件だ」と先頭の宣伝カーを押し始め、こぜりあいを続けながら、神田の共立講堂までの六キロを歩いた。

共立講堂では社会党や総評主催の追悼集会が開かれており、学生も合流。劇団民芸、俳優座などの俳優が出演して構成劇「忘れまい六・一五」を演じ、記録映画「六・一五ドキュメント」も上映された。

六二年六月一五日。この年からこの日に南通用門に花を捧げることを決め、以後何十年も継続する「声なき声の会」の小林トミが様子を描写している（『声なき声きけ』）。南門脇の歩道に光子が花束を腕いっぱいに抱えて立っている。足もとに水を入れたバケツがある。通行の妨害だから花を地面においてはいけないと警官が注意する。新道路交通法違反になるという。だから、光子は花を抱えて立っている。

機動隊にサンドイッチにされた学生の隊列が門前で立ち止まると、スピーカーが頭上で炸裂する。「止まってはいけない」「そのような演説をしてはいけない」。あわただしい黙禱のあと、隊列が小走りに動きだすと「走ってはいけない」。警察は絶対の権力をふりかざして、死者への追悼を蹴散らす。

五時すぎ、光子の姿はなく、門前のバケツに花が溢れている。「声なき声の会」会員がビニール袋をバケツ代わりにと考え、守衛に水を下さいと頼んだら、「バケツは一つだけということになっていますから、数を増やすのは困る」と返ってきた。刻々増える花は、バケツから溢れて石畳の上に積まれてゆく。

やがて線香を持ってきた人が焚きはじめると、守衛が「ここは火気厳禁」と止める。「だけどさっきから煙草を吸ってますよ。どうして線香だけいけないのかな」。いつのまにか数が増えた守衛が言う。「そりゃ、あんたがたの上の人が、わしらの上役と話して、花を置くだけと決めたんだから、文句があるんなら、あんたがたの上の人に言いなさいよ」。「上の人だって？　われわれは上の人も指導者もないですよ。自分で来ようと思ったから来てるんだ」。話はどこまでいってもかみあわない。

北小路敏への公開状

光子は毎年、南通用門脇に花束を抱えて立つ。娘の姿を宙に追いながら、そこに台座があるように立ち続けるその姿は、慈母観音像に似る。取り巻く風景は年とともに変わる。学生運動の激しい時期には旗やプラカードが彼女を囲んでどよめき騒ぎ、運動の退潮と入れ代わりに、市民集団が三々五々といったぐあいに集まり散じていく。一九六二年六月一四日、この年も多磨霊園の墓前祭には多くの人が集まり、公判闘争中の北小路敏も駆けつけて挨拶をした。

国会構内に突入したとき、全学連主流派の現場指揮トップは京大生の北小路であったため、彼は全学連葬や国民会議葬でも代表で挨拶をし、樺家とはかなり親しい関係にあった。俊雄も京大出身で先輩にあたり、なにがしかの親近感があったと思われる。それだけにこの年の騒動には厳しく対応している。

安保闘争の嵐がおさまると、全学連主流派は四分五裂した。まず、ブント（共産主義者同盟）が崩壊して革命の通達派（革通派）、プロレタリア通信派（プロ通派）、戦旗派、共産主義の旗派の四つに分裂。

代わってブントを批判してきた革命的共産主義者同盟（革共同）が力を拡大し、その学生組織である日本マルクス主義学生同盟（マル学同）にプロ通派の一部と戦旗派が吸収され、六一年春にはマル学同派が執行部を掌握する。そして、六二年春には三派連合（社学同、社青同、構造改革派）と早稲田大学で「暁の大乱闘」を演じたりした。革共同は六二年秋にはまた分裂して中核派と革命的マルクス主義派（革マル派）になり、セクト争いが激化していく。

墓前祭の翌日、「6・15二周年記念集会」が千代田公会堂で行なわれた。この時点で全学連を掌握していたマル学同幹部であり、六・一五被告団団長の北小路らの企画・運営で、美智子の両親に出席を要請した。俊雄が「ホールを借りる金はあるのか」と聞くと、社会党から五万円もらい、あとはカンパでまかなうと、答えたという。ところが、集会が始まると、一部の学生が旗竿をもって最前列を占拠し、飛鳥田一雄社会党委員長、清水幾太郎、大島渚ら追悼演説をする人びとに激しい野次を飛ばした。「引っ込め」「引っ込め、ナンセンス、そんな演説はナンセンス」と、旗竿で突かんばかり。司会役の北小路はそれを止めようとしない。

俊雄は苦りきって、後日北小路を自宅に呼んで叱りつけるとともに、『図書新聞』（六月三〇日付）の一面に、「真の〝革命的前衛〟とは？　学生活動家・北小路敏氏への公開状」を樺光子の名で発表した。やさしい言葉を使っているが、理路整然とした書き方は光子のそれではない。俊雄が書いたのだとのちに明かしている（「『安保闘争』

わが娘国会南門に死す」)。大学教員という立場上、書きにくいので光子名で発表したと思われる。

追悼集会が卑劣な妨害でけがされたことを、心から怒るとして、「あなたがたの団体は革命的共産主義者同盟だのマルクス主義学生同盟だのという、もっともらしい名称をつけていますが、どこに共産主義者とかマルクス主義者とかの名に価するものがあるのでしょうか。（略）なかみはテキヤだの愚連隊の集った右翼的集団ではないのでしょうか。（略）あなたの団体は事ある毎に共産党排撃にうきみをやつしているようですが、そういう資格はないと思います。なるほど反帝、反スタをスローガンに掲げてはいますが、あなたの団体こそもっともスターリニズムに毒された団体なのではないでしょうか」と非難している。

翌週号に北小路が「樺光子さんの公開状に答える」を投稿。「あなたの美智子は二年前のままで止まっている」。ブントも「私」も死に、「ブントが崩れた意味を自分の全存在で追求せずには、『樺さんの死を無駄にすまい』という唱和は空しい」。「どうやってブントと自分の廃墟から前へ進むか……」「革命的共産主義運動の発展の中にしか、樺美智子は自己を貫くことは出来ない」と反論しているが、何を言いたいのかよくわからない。

俊雄が言うように、金をもらっておいて演説を封じるような行為はたしかに非礼だし、自派以外の発言をいっさい認めないのなら、単独で集会を持つべきだろう。その場合、「樺美智子追悼」を掲げるのは、政治的利用といわれてもしかたがない。

夫妻で社会主義国を訪問

一九六三年一月から九月まで樺夫妻は社会主義諸国訪問の旅に出た。今ほど海外旅行が自由ではない時代、ましてや社会主義国は誰にでも開かれているわけではない。七カ月に及ぶ長旅だが、旅に出た理由が夫妻で微妙に食い違っている。

俊雄は、『死と悲しみをこえて』に、光子も『婦人しんぶん』（六三年一〇月一日付）に長い紀行文を書いている。七年後の「美智子なきわが家の十年」（『潮』一九七〇年六月号）と「娘・美智子の追悼集会を巡って」（同、同年八月号）でもこの旅を回想している。

俊雄によると、生前の美智子にモスクワ大学への留学を勧めたことがあり、留学を命じられたとき、「娘に約束したモスクワ大学その他の社会主義国の大学をせめて自分の眼でみ、また自分でそこで研究をして、娘の霊を慰さめてやりたいと思った」。事件後、身心ともに疲労している妻を一緒に連れていって気持を一新させてやりたいとも考えたと、「留学」が目的だとしている。

光子は、「チェコスロバキア婦人委員会からのご招待を受けましたのでそれを機会にできるだけ多くの国を訪れ見聞をひろめたいと願いつつ」と説明し、『婦人しんぶん』の読者からのカンパと声援に礼を述べ、夫の留学に帯同したというニュアンスはない。招待に俊雄の留学が偶然に重なったということなのだろうか。

横浜港からフランス船で香港、サイゴン、シンガポールなどに寄港しながら一カ月をかけマルセイユに上陸。イタリアを経て四月初めに東ドイツへ入った。それから二カ月間、フンボルト大学の客員教授として研究を続けたという俊雄は、大学のエントランスにあるマルクス像に親しみの感情を表している。

光子は、ローマやナポリの印象を愉しそうに書いているが、東ベルリンでは「フンボルト大学の客員宿舎に自炊しながら暮らした」とだけ。それから訪ねたブーヘンワルトの捕虜収容所跡の記述は詳しく、日本の戦争に思いをめぐらせ、「東南アジア中国で日本人が何をしたかを思い私は他国への侵略は決して許されるべきことではないのだと頭をたれて死者への冥福を祈りました」とある。

次にチェコに入り、夫妻がナチスのために破壊された村の追悼集会に出た翌日、「急にフチコーヴァ夫人の主催によって美智子の追悼会が平和委員会の一室で行なわれることになりました」と俊雄は書くが、光子が言うように旅行のきっかけが「招待」であるのなら、追悼会はあらかじめ用意されたものであったろう。

追悼会に集った人々は、日本の安保闘争のことをよく知っていて、当地の新聞に、「樺美智子は生きている」というタイトルで、日本政府に対するデモで「虐殺」された美智子は「日本国民の強力な組織の表示」となり、「死んでも彼女の記憶はいまだに残っている」とあったという。

遠く離れた社会主義国で、全学連や美智子の思想と行動がどれだけ理解されたのか疑問だが、その死が日本国内だけではない広がりを持ったことに改めて驚く。

ソ連を経て俊雄は大学の都合で先に帰国し、光子は中国に寄った。故魯迅の妻で、中華全国民主婦女連合会副会長の許広平の迎えを受け、許の手配で中国国内を旅行し、社会主義中国の発展ぶりに驚きを連発している。国交が回復していないこの時期、中国に行けるのは中国政府が許可した人に限られ、案内人がついての見学であれば、おのずと制限があり、またその報告に批判的言辞は遠慮するのが通例。

なお、光子は帰国後、俊雄と別居したようだ。『婦人民主新聞』（六三年一〇月二〇日付）のインタビュー記事「平和に生きる母」は、「七カ月の旅から帰った夫人は、身軽なアパート住いに身辺を整理して、平和を守る仕事に忙しい」と近況を伝えている。

娘の遺志を継いで「平和を願う戦列に加わる」と宣言した光子は、いくつかの女性団体に参加する。その一つが日本女性同盟である。

日本女性同盟の初代会長は藤間身加栄。銀座で産婦人科を開業する医師だが、アメリカのビキニ環礁での水爆実験がきっかけで、平和運動にのめりこんだ異色の人。五七年には、平塚らいてうの後を継いで二代目婦人団体連合会（婦団連）会長になったが、分かれて五九年に日本女性同盟を結成した。

安保反対運動に熱心に取り組み、強行採決反対の要望書を首相に提出している。国民会議のメンバーでもあり、独自に合計一九回の行動をおこした（服部翠『願い限りなく』）。

一カ月に一回の会合に光子も顔を出すようになり、とくに原水爆反対運動に力を入れ、六一年夏には広島で行なわれた原水爆禁止世界大会にまで行動範囲を広げている。しかし、長続きしなかった。藤間が病気がちになり、また社共で平和運動のあり方が対立するなかで、同盟内部にも確執が生じたためである。

「平和のために手をつなぐ会」にも入会した。六一年一一月に核戦争の危機に心を痛めたアメリカ人女性が呼びかけてできた「平和のための婦人ストライキ運動ＷＳＰ」（Woman Strike Peace）が、平和を求める意志を示すため、一日だけ仕事や家事を離れて街頭デモをしようと決めたのが始まり。

その動きが世界に広がり、二月一日に日本青年館で開かれた日本で第二回目の集会に光子は参加し挨拶をした。「〝日本には平和憲法があるのだから戦争に巻きこまれることはない〟などと決して安心してはならないことを二年前の安保闘争のとき教えられました。母親は子供を育てて社会へと巣立ってゆくことをただ楽しみにしてはいられないのだということも教えられました。子供を送り出すその社会が、どんな状態にあるかを常に鋭くみつめていなければいけないのだし、安心ならない状態のような場合なら、婦人は手をつないで抗議しなければならないのです。それこそ母親としての責任でもあると思います」（『潮』「美智子なきわが家の十年」七〇年六月号）。以後、毎月一日には家事を休んで、戦争のない世の中を作るには、何をなすべきかを話しあうことにして、一年間、熱心に出席したが、海外旅行に行くため、会を退いた。

「顔」としての役割

光子は社会党系の女性団体でも活躍する。

安保反対運動に女性たちが数えきれないほど参加したことは、政党関係者らが女の力を見直すきっかけになり、一九六〇年末から各政党が女性団体を組織する。最初は自民党で、同年一一月、全日本婦人連盟を組織。次いで六二年四月に社会党系の日本婦人会議、同年一〇月には共産党系の新日本婦人の会が発足している。

日本婦人会議は社会党の大衆組織として集団指導体制をとることになり、議長団に羽仁説子、田中寿美子、松岡洋子、深尾須磨子ら八人が就任。「憲法を守り、婦人や子どもが真にしあわせにくらせる社会の実現」のために、女たちの全国的なネットワーク作りに取りくんだ。

組織は中央本部と各地方本部に分かれ、光子は、六二年一〇月に発足したばかりの東京本部の初代議長に推薦された。まもなく海外旅行のため辞任したが、六六年から六九年までの四年間、ふたたび議長になっている。主婦専業だった人が、政党の大衆組織の東京本部議長といういかめしい肩書を与えられた。

発足当時は福井県県評の専従で、のち参議院議員になった清水澄子に、党員でもなく、運動家でもない樺光子がなぜ議長？　と聞いてみたら、「当時の婦人会議は党派をこえてやるという趣旨でしたから、党に入ってない人のほうがかえってよかったんですよ。それまで家庭の主婦で、大学教授の奥さん、殺された樺美智子さんのお母さんということで、入っていただいたんですね」との答。

二度目の議長に就任した六六年に、党の東京都本部婦人部の専従になった今野宏子も言う。「社会党の都本部の事務所は三宅坂の社会文化会館にあって、そこに日本婦人会議の東京本部の事務所もあったの。わたしは婦人会議の専従ではないけれど、同じ部屋でした。わたしが思うに樺さんの活動スタイルというのは、専従スタッフが根回しをして、大衆集会で挨拶するという、言ってみれば挨拶要員みたいなものですね。組織活動に時間をさくというようなことはなくて、日本婦人会議の顔としての役割です。六〇年代の後半から七〇年代は、全共闘とか反戦青年委員会とか高揚していく時期でしょ。そういう大衆運動に乗るような形で、婦人会議もけっこう自由にやっていた時代で、大衆的な空気を代表するという意味では樺さんはぴったりだったのね。日比谷の野外音楽堂なんかの大集会でも、樺さんが立たれて『樺美智子の母でございます』って言うと、それだけでわーっと盛りあがるんですよ。それはほかの人にはちょっとできませんよね」。

思想的なものはなかった。それでよかったのだ、とも言う。娘の遺志を継ぎたいと願う母、大衆女性を組織に取り込むために著名な顔がほしかった婦人会議。両者の思いが一致したというわけだが、言葉は悪いが、利用されたと言えるだろう。「組織のシャッポの役割だったのですね」と言ったら、清水と今野はうなずいた。光子自身はこう書いている。「私は組織のなかではどこまでも、勉強と意志表示をする場としておりました。自分は決して活動家にはなれないし、なりたくないと思って過ごしてきました。これは私の環境がそうさせるのだし、また性格がそうだと思っています」（前掲「美智子なきわが家の十年」）。

もちろんボランティア活動である。そうして連絡のための電話も増え、外出もひんぱんになり、家庭内で不和を引き起こすことになる。

一九六四年は、六月一四日午後、ＹＭＣＡ会館で記念集会が持たれた。参会者約一〇〇人。夜の墓前祭は、清水幾太郎、社会党の山花秀雄ら一五〇人が集まり、「六・一五忘れまじ」と「インターナショナル」を合唱した。この年の秋には中国が初めての核実験に踏み切っている。

六五年、政府は安保体制下での日本のアジア進出の足がかりとして日韓基本条約の締結をめざし、反対する学生・市民の阻止闘争が活発になり、これが基盤になって、その後の学園闘争が形づくられてゆく。

二月、ベトナム戦争が本格化してアメリカが北爆開始。これに抗議して小田実らが「ベトナムに平和を！　市民連合」（べ平連）を結成、以後、強力な反戦市民運動に成長する。この年の六・一五は、その陰に隠れた印象。

六六年、学園紛争が始まる。早稲田の授業料値上げ反対闘争に続き、東大医学部でもインターン問題から卒業試験ボイコット、さらに横浜国大、法大、明大、中央大などが続いた。六・一五集会はこぢんまりと行なわれている。「声なき声の会」の参加者もわずかに八人だった。

六七年、学生運動も市民運動も高揚し、荒れた。二月、佐藤栄作は第二次内閣を組閣すると、防衛二法を成立させ、日米新軍事体制のために東アジア諸国を訪問。これに対して反戦運動がエスカレート。

六・一五も荒れた。セクトごとに集会とデモがあり、社会党や総評は南門前に美智子の遺影を用意して追悼式を挙行。東大国史研究室協議会の学生四〇人や「声なき声の会」会員らが参加、日本山妙法寺の僧が読経するなか、全員が黙禱、菊の花を手向けた。一〇月には、佐藤首相の南ベトナム訪問に反対する学生デモ隊が羽田空港に通ずる弁天橋で機動隊とぶつかり、京大生の山崎博昭が死んだ。五月、樺夫妻は共著で『死と悲しみをこえて』を出版している。『人しれず微笑まん』や『最後の微笑』とほとんど重なる内容である。

六八年には、東大を皮切りに全共闘運動が始まり、ベトナム反戦運動も最高潮に達した。六・一五も久しぶりに大がかりなデモになった。日比谷野外音楽堂の追悼集会は、樺美智子と山崎博昭への黙禱から始まり、各団体の決意表明や挨拶。それから参加者は隊列を組んで国会へ向かった。南通用門に先頭が着くと、門内から光子が美智子の遺影を抱いてデモに加わった。

実はこの年、光子は癌の予後を養っていた。自覚症状はなかったが乳癌だと診断されて、早春、手術を受けた。今よりずっと癌はこわい病気なのに気丈に乗り切って、娘の命日には南門前に現れたのである。

『婦人しんぶん』（六八年一一月一五日付）の「学園紛争は、なぜ起こるか」という特集にも寄稿。国際反戦デーに行なわれた米軍のジェット機用燃料輸送を阻止しようとした学生の運動にエールを送っている。

六九年一月一八日、全共闘の学生が籠城した東大安田講堂に機動隊導入。騒然とした年明けである。七〇年に延長される安保条約を封じ込めようと、反安保運動にも火がついた。六月一四日には、「ともにたたかおう七〇年＝樺美智子追悼集会」が安保をたたかう婦人連絡会・六月の会・救援連絡センターの呼びかけで開かれた。光子の挨拶に次いで、六〇年にブント中央委員で、このときは東大助手共闘の長崎浩らの講演後、演劇やフォークソングとにぎやかな会だった。

この年、光子は日本婦人会議東京本部議長及び中央本部常任委員という肩書でほうぼうの闘争や集会に駆り出されている。『婦人しんぶん』（六九年八月一五日付）の「私の行動ミニ・レポ」には、山梨県の梨ケ原忍草母の会訪問、男女平等権法令発令23周年記念在日朝鮮女性中央大会、丸木美術館での広島デー慰霊祭などについてレポートしている。八月末には宮崎県まで飛んで、宮崎県社会主義青年同盟主催の「九州反戦・反安保平和友好祭」、翌日は宮崎県婦人会議が中心の集会で挨拶している。これは、七、八月の行動レポだから、年間にはかなりの数をこなしていたものと思われる。

『友へ　樺美智子の手紙』の出版

光子が乳癌の予後を伊豆で静養している六八年春、美智子の高校時代の友人松田恵子から、松田宛美智子の手紙の写しが送られてきた。光子の病気を知った恵子からの、慰めの意味をこめてのプレゼントだった。三、四章で引用したが、美智子の若い人生観や社会観が詰まった貴重な手紙である。

光子は、落ち着いた環境のなかでこの手紙を繰りかえし読みながら、全学連慰霊祭のときの北小路敏の長い弔辞を改めて思いだし、娘の「真の姿」を発見したのだという（「支えてくれた未知の大衆」『朝日ジャーナル』六九年一月一二日号）。

七月には、恵子宛手紙を集めて、『友へ　樺美智子の手紙』を編み、出版する。その三分の一近くのページを「死者は戒める――樺美智子を思う――」に当て、七人の回想を載せている。榎本暢子、道広容倫、林紘義、早坂桃子、北村肇（長尾久のペンネーム）は、美智子の同期生。雪山慶正と幼方直吉《うぶかたなおきち》は左翼陣営の学者。

学友五人は、美智子の東大での学生運動を最も身近で知っていた人たち。榎本は、東アジア史の研究者になっており、六〇年に『足音は絶ゆる時なく』に寄稿した文章をそのまま転載。早坂（旧姓谷本）も企業に勤めているが、「樺さんのイメージは全共闘のあのふんい気と非常に近いように思います」と書いている。

全共闘運動が盛りあがっているこのころ、道広は中核派、林は社会労働党代表、長尾は東大大学院生で東大全共闘代表山本義隆《よしたか》の代理を務めている。セクトは違うが、いずれも六〇年の闘いを形を変えて継続中。その立場での寄稿だから、回想といっても急進的な運動内部の話に終始し、かつ長文で、一般読者には理解しづらい内容になっている。

それを敢えて掲載したところに、一〇年前、一般学生のイメージを強調して『人しれず微笑まん　樺美智子遺稿集』を編んだときと異なる光子の覚悟の据え方が見える。さまざまな運動組織に入って揉まれることで、また、癌を患って死に直面したことで、娘の思想と行動により近づくことができたのではないだろうか。

浪人時代から大学四年生まで、美智子が感じた社会の矛盾、それを解決するために起こした行動の軌跡が、恵子宛の手紙と七人の回想から、くっきり浮かんでくる。

一九七〇年が明けた。

美智子の死から一〇年、俊雄は長く勤めた中央大学を退職し、創価大学教授に迎えられている。記念と銘打った集まりがそこかしこで開かれ、樺夫妻にも招請状がきた。それに俊雄は用心深く対処している。全共闘運動が混迷し、セクト争いが熾烈になっていたから、巻き込まれるのを怖れたとみられ、もっともな対応だと思うが、光子はさまざまな集会に屈託なく顔を見せている。

六月一四日、代々木公園で「六・一四労学市民総決起集会」が行なわれた。反代々木系の全国全共闘連合の学生、全国県反戦代表者会議の労働者、六月行動委員会、女性団体、一般市民などが思い思いのプラカードを掲げて参集し、新左翼系としては戦後最大規模。七万五〇〇〇人が参加したとされる。

集会場には子どもも混じり、おでんの屋台も並んでいる。一〇年前には見られなかった光景だ。中央演壇での挨拶を無視して、ヘルメットをかぶったグループがアジ演説を始める。統一集会とは名ばかりの分裂集会。そこへ光子の挨拶。「美智子のように、若い本当に若い娘さんや、私からみるとあぶなっかしくみえる若い人たちによって、世の中が切開かれるんだな、と思うんです。皆さん、いっしょに戦いましょうよ」(『朝日新聞』六月一五日付)。おだやかな口調だが、「戦いましょうよ」という呼びかけは効果抜群。

集会で採択された宣言は、「南ベトナム解放戦線の戦いが、今やインドシナをはじめ世界の人民の戦いに拡大し、アメリカ帝国主義は崩壊に向かっている。われわれも日米共同声明を粉砕し、世界中の人民と連帯して、いっさいの帝国主義支配と戦い抜こう」というものだった。集会終了後、デモに移った。

一五日午後、私学会館で「六月の会」。出席者は佐多稲子、幼方直吉、渡部昌、美智子の友人、それに高校生や大学生など三〇人。光子を輪の中心に、ノンセクトの学生は「遺稿集を読んで美智子さんのことを知りたくて」、高校生は「六〇年安保を過ごした先輩たちの考えを知りたい」と出席理由をこもごも発言した。

夕方、多磨霊園で墓前祭。この日もどしゃ降りの雨だった。手に手に赤いバラを捧げ持った全国全共闘、全国反戦、六・一五救援委員会、婦人民主クラブなど一三〇人の代表が集った。北小路敏も参列しているから、和解したのだろうか。「樺さんの死をむだにしないことが、生き残ったぼくたちの使命です。真の前衛党をつくることが、美智子さんの意志を受けつぐ私たちの仕事です」と述べる。

光子は、「六月十五日がやってくるたびに、やり切れない重さを感じてきました。だが今は、夜明けを迎える前の暗い長いときではあるが、その向うには確実に夜明けがあると信じることができるようになりました。美智子はこの十年間、私の心の中に生きつづけ、私を支えてくれました。これからもきっと支えてくれるでしょう」(『潮』「娘・美智子の追悼集会を巡って」一九七〇年八月号)と挨拶。約一時間で墓前祭を終え、武蔵小金井駅までデモ行進をした。

一方、日比谷公園野外音楽堂では、午後七時からの中核派系を中心とする「六・一五樺美智子追悼労、学、市民大統一集会」に学生、労働者ら二四〇〇人が集まった。全員が傘をたたみ、ヘルメットを脱いで黙禱。「樺美智子さんの志を継いで、七〇年代闘争を戦い抜こう」などのメッセージが続いた。代表約一〇〇人の献花デモが、国会南通用門に向かった。この日、唯一許されたデモである。

七時半から開けっ放しの南通用門前で社会党主催の簡素な追悼式が始まった。「安保反対に死をとして戦った同志樺美智子さんに黙禱をささげよう」という演説と黙禱のあと、白菊を捧げた。最後に「インターナショナル」を合唱。「出席者のほとんどが、六〇年の安保闘争を知らない高校生や大学生、若い労働者ばかり。悲そう感も、興奮も、感傷もない、そっけないようなカラリとした追悼集会だった」と、『朝日新聞』は報じている。

六月一五日付『朝日新聞』夕刊八面はほとんど反安保運動の動きを伝える報道で埋まっているが、そのなかに「安保の群像5　『新左翼』統一の象徴　先頭に立つ樺光子さん」の記事。眼鏡をかけた光子の写真を大きく載せている。毎年、六・一五が近づくと、講演や座談会への出席を依頼する電話が増えるが、この年は例年の三倍。ML、中核、革マル学生各派、反戦青年委員会、ベ平連……スケジュールの許す限り引き受ける。この一〇年、出席した集会や講演会は数しれない。

「六月になると何かこう不安になって。少しでも安保破棄の手助けになれば、と年がいもなく若い人の集会に出かけるのよ」「アメリカ一辺倒の政策が何と危険か。安保に含まれる中国敵視が、いかに誤っているか。美智子は、アメリカと結びつこうという勢力と、政権に執着する岸首相の野心の犠牲者なんです」

ヘルメットに覆面、ゲバ棒で武装した学生活動家らの前で、幼い美智子を守るようにマイクをかき抱く。「機動隊の暴力に対抗するためには、ゲバだってやむを得ないと思うの」という光子の発言と並んで、俊雄の言葉「とめているんです。学生運動の統一戦線ができるまで、一党一派に偏するのは好ましくない。社会主義の理論を身につけて、理論の立場からものを言えというんですが……」。光子の反発、「樺とか、進歩的文化人という人たちは結局ダメね。現体制維持に見えますよ」。

たしかに、六〇年安保闘争のとき全学連を強力に支持した清水幾太郎はこの時期には右に方向転換し、吉本隆明も内ゲバに走った学生運動に愛想をつかしている。となると、今や、樺光子は新左翼学生運動の唯一のシンボルとして、アジテーターという批判をものともせず、若い人たちの前に立ち続ける。過激な革命用語が飛びかう騒然とした集会も、「樺美智子の母です」と言うと、シーンと静まり返った。「新興宗教の教祖のようだったな」と、その姿を振り返る人もある。

光子が主張の違う新左翼各派の集会に出かけるのは、内ゲバに勢力を費やす学生たちの運動の統一を願ってのことであったにしても、憎しみの連鎖を断ち切る力があるわけではなかった。

安保体制の超克を訴え、俊雄死去

七〇年には安保拒否百人委員会が結成されるなど反安保闘争は全国に広がったが、六〇年のときほどは盛りあがらなかった。日米安保条約は六月二三日に自動延長になった。

俊雄はこの年、『最後の微笑　樺美智子の生と死』（改定版）を文藝春秋から出版している。六〇年の初版とは大きく異なり、削除したり、『死と悲しみをこえて』が絶版になったという理由で、そこから移した章もある。最後に付け加えた「闘いを通して平和を」という新稿にこの時点での考えを明らかにしている。

安保条約の性格は六〇年当時とは変化してきており、七〇年代には条約の破棄ではなく、国内のアメリカ軍基地を全てとり払い、安保体制を超克しなければならない。財界の一部が主張するような「憲法改悪」や再軍備強化や海外出兵が行なわれなかったのは、安保条約のためではなく、安保条約反対運動のためだったとして、マルクスの言葉を引き、「私たちは社会主義社会の実現を望むにしても、同時にそういう実現を行う能力をもつ人間にならなければなりません。（略）私たちは変革を望む意志をもつだけではなく、社会的実践活動のうちでそういう意志を実現する能力を養わなければなりません。／すべての国ぐにの働く人びとが真に正しい階級意識をもって、真に正しいプロレタリア的国際連帯を実現するまで、私たちは不退転の意志と努力とをもたねばならないと思います。そういう信条を堅く持して、これからの短かい余生を送ろうというのが、現在の私の偽わらぬ心境であります」と述べ、最後に次の歌を引用し、「死んだ娘を思いだしてくれる読者があったら、どうかこの歌を歌ってやって下さい」と結んでいる。

正義に燃ゆる戦いに／おおしき君は倒れぬ／血にけがれたる敵の手に／君は戦い倒

れぬ／プロレタリアの旗のため／プロレタリアの旗のため／踏みにじられし民衆に／命を君は捧げぬ

六〇年当時の左翼イデオローグが、次つぎとマルクス主義の旗を降ろすなかで、階級闘争にエールを送っている。

俊雄が娘の死について、最後に思いを述べたと思われるのは、『昭和史探訪』⑥（一九七五年刊）に収録されている「『安保闘争』わが娘国会南門に死す」で、三国一朗のインタビューに答えている。

死因は、扼殺だときっぱり言いきり、男親と女親の悲しみの違いについて尋ねられ、「やっぱり私の場合は知性的というと、おかしいですが、そういう制禦力が働きますからね。だから考えて行動しようと思いますね。女というのはそうじゃないですね。感情で動きますから」と答えている。その後の学生運動に対するかかわりについても、「非常にちがっちゃうわけですね。家内のほうは学生運動に批判なしにすうっとのめりこんじゃうわけです。私のほうはそれに対して、非常に学生運動に批判的になるわけです。デモは一応肯定しますよ。肯定しますが、同時にこういう型のはいけないとか、こういうやりかたでやれとか。それからもっと根本は、マルクスやレーニンのものを勉強した上でやる、ということが必要だ、という気持が非常に強くなりました」。

一五年たって、政治意識も深まり「自分なりに成長したというふうに思いますね」

と語っている。亡くなったのは一九八〇年一二月二三日、心筋梗塞である。享年七六。夫に「女は感情的」と批判された光子は、止められたのであろう。一九七一年以降、新聞雑誌からきれいさっぱりと名が消えた。

新左翼学生運動はこののちさらに過激になり、日航機乗っ取り事件、浅間山荘事件などを起こし、内ゲバの末の凄惨な殺し合いにまでいきついた。もはや光子の出番はない。世論からも学生運動は袋だたきにされ、急速に衰えていく。七五年ごろには学園はすっかり平穏を取りもどし、以後、学生の政治的無関心が蔓延することになる。

一方で、高度経済成長の矛盾が露呈し、公害が市民生活を脅かすようになり、市民運動が活発になる。米軍基地や原発の反対運動なども市民が担う。また、ウーマンリブが女の意識改革を提起し、七五年の国際女性年を経て、フェミニズムが活発になるが、光子の名が報じられた形跡はない。墓前祭と「六月の会」は続けられていたが、参加者もめっきり減った。

久しぶりに光子の姿が報道されるのは、二〇年の節目にあたる八〇年。ブント崩壊後、大学に戻って医師になり、七一年から沖縄で精神科医として地域医療に携わり、長く沈黙を守ってきた島成郎が慰霊の場に姿を現したのだ。

六月一四日、新宿の牛込公会堂で「六〇年安保闘争樺美智子虐殺20周年集会」が始まった。主催は「六月の会」。約四〇〇人の参加者の顔ぶれは二〇代、三〇代の若者が多く、安保世代は少ないように見受けられる。

美智子の遺影を囲む旗は、いずれもブントから分裂した新左翼諸派のもの。壇上に樺光子、佐多稲子、島成郎が並んでいる。黙禱のあと最初に挨拶に立ったのは島。「私は少なくともこの二十年間、政治的発言をしてこなかったんです。それには私の信条がありまして、第一に私は過去を語るのが好きでないということ、第二に政治的発言をする場合は行動していなければならないということ、この二つの信条のためです」と言いながら、若い参加者に向かって、六〇年安保闘争の性格、美智子との関係などを語った（大蔵成行『安保世代一〇〇〇人の歳月』）。

一五日、多磨霊園で墓前祭が行なわれた。霊園前のお休み茶屋「よしのや」に四〇人が集合。榎本暢子、島成郎も来ている。三〇分ほど懇談ののち樺家の墓に交互に菊の花を供える。黙礼するのみで、かつてのように「インターナショナル」が歌われることもない。

一行が歩き始めたとき、スポーツ刈り、半袖サファリ姿の唐牛健太郎が姿を見せた。六〇年当時の全学連委員長。安保を象徴する、もう一人の人物。六二年に学生運動を見限って以来、エリート街道を歩く元活動家らに背を向け、無頼ともいえる人生を歩んできた。個人的な接点はほとんどなかった美智子の墓に何を語りかけたのか。四年後、彼も鬼籍に入った。

「六月の会」のメンバーはそのまま電車に乗って国会南通用門前に集合。日比谷野外音楽堂で開かれていた「反徴兵・反安保・韓国民衆に連帯する六・一五集会」の参加者三〇人が合流する。写真と花を塀にかけ、思い思いに黙禱し、年配者が若い人たちに二〇年前を説明し、約一時間で散会した。「また来年、ここで会いましょう」と挨拶を交わしながら。

一九八一年六月一四日、光子はいつもの年の手順に従って墓前祭を行なった。南通用門にも献花した。一五日、社会労働党が開いた安保二十一周年全国集会に招かれて登壇している。同党の代表は、美智子の友人林紘義。林は、ブント崩壊後、社共にも新左翼各派のいずれにも属さず、独自の社会主義路線を提唱して、活動を継続している。

美智子への思いから樺家と連絡を取り続け、従って光子の信頼も篤い。俊雄の死で出かけることができたのかもしれないが、壇上で林と並んでいる光子の姿は、どこか放心しているようにも見える。

実際、このころから光子の言動に高齢者特有の物忘れが激しくなった。知人が会う約束をして出かけていっても、忘れてこないということが重なった。島成郎が心配して中野総合病院を紹介した。池澤康郎院長は、東大で島と同期、五二年の血のメーデー事件のとき、警官に撃たれてピストルの弾が足に入った。紆余曲折の末、東京医科歯科大学に進み、六〇年当時はインターン生で全学連中央執行委員だった。「光子さんはね、ガスをつけっぱなしにしたりして困るって近所の人が言ったけど、嫌だって病院に行かない。だけど、ぼくが六〇年の六月一五日に社会党本部に詰めてたということを知って、だったら入院してもいいということになったみたい」。

入院は、八二年四月一日。「だけど名前も言えない。樺光子さんですねって言ったら、そうだと思います、そういうことにしておきましょうと言ってました。痴呆がひどくてね、そういうことで、治療のしようがない。だからここに居たのは一カ月だけ。歌が好きでね。いっしょに一高や三高の校歌や寮歌を歌ったの、楽しかったよ。よく知ってるの。『ああ、玉杯に花受けて』とか『アムール川の流血』とかね。あまりしゃべらないけど、歌はよく歌った。あの病気の人は最近のことは言わないけど、昔のことはよく知ってるからね。わたしは美智子さんの話はしなかったし、彼女も言わなかったから、どう思ってたかはわからない。徘徊？　どこも悪くないから自由に歩く。だけど、外には出て行かなかった、怖いんじゃなかったのかな。きれいな人だったね」。

一カ月後、杉並区の老人ホーム浴風園に移った。以後、亡くなるまでここで暮らす。老衰で亡くなったのは、一九九〇年六月三〇日。

光子の最期については、多くの人が葬儀の様子や、追悼文を書いている。小林トミは、「たしか、三、四年前に国会の前でお会いしたことがあった。大きな花束をかかえて立っていらっしゃったが、いつも、きれいな方だと思っていた。告別式に参列しようと思い、幡ヶ谷斎場に行く。告別式は無宗教で、鶴見俊輔さんの追悼の言葉があり、光子さんが生前好まれた『庭の千草』とか『埴生の宿』の音楽が流れるなかを献花した。（略）『庭の千草』や『埴生の宿』の曲をきいていると、樺光子さんのおだやかで、非常に幸せな生活が、六〇年安保によって大きく変わられたのだと、しみじみと思った。光子さんの心の痛みが伝わってきた」。鶴見俊輔は、六〇年当時の防衛庁長官赤城宗徳からの弔電がきていたことを明かしている（いずれも『声なき声のたより』一九九一年一月号）。

光子は、一九六七年にあかね書房の『こども世界の文学』の一冊として、B・ジーハー作『ボイタ君とゆかいな仲間』という絵本を翻訳している。絵は小坂しげる。これ以前にも以後にも、児童文学とのかかわりはなく、どういういきさつからの出版か不明。若いころには、自分にも夢があったと書いているから、絵本作者を夢見ていたのかもしれない。推測に過ぎないが、女学生っぽさを終生失わなかったこの人の夢にふさわしく思われる。

それにしても、美智子の兄樺茂宏の「母の死でうちの安保闘争は終ったんです」という言葉が、俊雄と光子の「安保後」をたどってみて納得できた。

二人の「美智子」

樺美智子を探して、改めて、美化され、聖化された美智子像と実像とのズレを痛感した。彼女はきわめてすぐれた知性の持ち主で、努力家でもあったが、特別な存在ではない。偉大な革命家でもなく、ましてやジャンヌ・ダークやキリストに擬せられていいわけがない。

まだ何事かを成したわけではない、これからというときに命を絶たれた。限りない可能性の向こうに広がっていた夢や理想を実現することができないままに。

では、その夢と理想は何だったのだろうか。

彼女は、人生について、人間について考え続けた人だ。その態度は、中学時代から過激な学生運動に身を投じた大学時代を通じて一貫している。自分は恵まれているけれど、貧しい人や苦しんでいる人がこんなにおおぜいいる。見て見ぬ振りはできない。正義はどこにあるのか。学生として何ができるのかを追求した結果が、学生運動だった。

求めるものに対して性急にすぎたともいえるが、その姿勢にいささかのごまかしもないだけに、彼女の生き方は、胸を打つ。中国史研究者の幼方直吉が、『友へ　樺美智子の手紙』（一九六九年刊）に「死者は戒める」という文章を寄稿している。六〇年以降、毎年、一人で小さな花束を持って国会南門に行く。「樺美智子の死をとむらうためだけではなく、彼女に私自身が戒められたいためである。動揺する世界の波、そして日本の波にさらされながら、とかく、ためらい勝ちの私の気持を、六月十五日になると死せる樺美智子は戒め、それによって、私はやや勇気をとりもどして、明日以後の姿勢をいくらかでも正したいことを願うのである」と。

一九六七年五月に両親が共著で『死と悲しみをこえて』を出版したことは前に述べ

た。先行の本の内容と重なる部分の多い美智子の生涯の回想だが、死後七年経っても癒されない喪失感が全編をおおっている。わたしの手許にあるのは六八年八月発行の重版で、古本だが、「読者のための読後ノート」という白い頁があり、そこにこの本の前の持主だったらしい人が鉛筆でこんなことを書きつけている。

「1月6日、一日で読了してしまった。美智子さんの生い立ちから6月15日の日まで、又御両親の心の記録たしかに読んだ。僕も又、生きよう、美智子さんに恥を見せないためにも、いや自分という人間を超えた人間のために生きなければならないと思う」

この人も美智子の生き方に戒められ、勇気をもらったのだろう。自分が堕ちそうなとき、立ち返るべき原点を彼女は示してくれている。樺美智子はそういう人だったのだ。

さて、歴史家が戦後史を区分するとき、一九五九年から六〇年を最初の区切りにすることが多い。このあたりから高度経済成長が本格化し、日本人の生活様式や意識が大きく変化したからだが、それをうながしたのは、「二人の美智子」といえるのではないか。

一九五九年のビッグニュースは、皇太子（現、天皇）と正田美智子の「ご成婚」である。そして、翌年の樺美智子の死。二つのできごとは、というより、二人の「美智子」は、ネガの表と裏のように対照的でありながら、不可分の存在でもある。

それまでは、皇族と華族に限られていた皇太子の結婚相手が平民女性から選ばれ、翌年には長男（浩宮）が生まれ、そのしあわせなマイホームの様子が、テレビや女性週刊誌を通じて、お茶の間に届けられた。かつては雲の上の存在だった皇室が、映画スターのように庶民にも親しめるようになったのだ。これによって、敗戦で廃止された華族制度が名実ともに崩れて「貴族」がいなくなり、大衆社会状況への道が開かれた。

一方、樺美智子の死は政局を動かし、岸信介内閣を退陣に追いこんだ。その様子を繰りかえしお茶の間に伝えたのも、新しいメディアであるテレビや週刊誌。安保反対運動に動員された三五〇万人ともいわれる大衆の力を恐れ、以後、自民党政府は憲法改正や軍備増強を言わなくなった。代わりに池田内閣は「あなたの所得を倍にしてみせます」といって経済政策に力を入れ、大衆消費社会をめざした。実際、ＧＤＰが大きく伸びて、わたしたちの暮らしは底上げされた。

その後、日本の原風景は大きく変わった。東京の町の表道路はもとより、路地からも泥んこ道がなくなり、バラックは鉄筋コンクリートの集合住宅に変わった。電化製品が普及し、家事の苦役から女を解放した。生活が豊かになって高校は全入になり、大学の進学率もあがって、大学にいくことはエリートの特権ではなくなった。エリートと非エリートの距離が縮んだことになる。その劇的変化は、明治維新から一〇〇年の変化に相応するといってもいい。

樺美智子の行動の原点にあるのはヒューマニズム。金持ちと貧乏人の格差をなくし、誰もが自由で、豊かな文化生活を享受できるような社会の実現を望み、それが政治を変えようという行動につながった。彼女が切に希求した社会がそのまま実現したとはいえないが、命を捨てることで重い扉が開いたのはたしかだろう。

あとがき

樺美智子伝を書きたいと思ったのは、一〇年前に遡る。

二〇〇〇年六月、『図書新聞』の「『樺美智子追悼四〇周年の集い』に寄せて」という記事が目に飛びこんできた。筆者はブントの盟主島成郎、「すでに四〇年の歳月が過ぎ去り」とある。そういえば、四〇年。彼女が死んだあの日、国会を取り巻いた群衆のなかの一人だったわたしの四〇年がかけめぐる。

六月一〇日、「集い」の日、会場のホテルに出かけた。きらびやかな照明の下でさんざめく人びとの姿は、わたしの記憶にある全学連主流派のイメージとは違った。あたりまえだ。あの貧しかった日々のままであるはずはないけれど、なんとなく裏切られたような感じがあり、知っている顔も見当たらなかったので、すぐに外に出た。

「二二歳のまま、ずっとわたしたちのなかで生きている樺美智子さんについて、もう一度追悼しながら考えたい」と挨拶した島は、その年の秋に逝った。

一九六〇年当時、わたしは早稲田大学教育学部に入ったばかりの一八歳。入学式当日、両の掌に溢れるほどのビラを渡され、黒々と紙に躍っている「安保」の文字に戸惑ったのを覚えている。学校中で安保論議が飛び交うなか、初めてのデモ参加が五月一九日という、当時の言葉でいえば「一般学生」である。全学連の活動家との接点はない。

ぼつぼつ資料収集を続け、取材に取りかかったのは二〇〇五年。四〇周年の「集い」の連絡先になっていた奥田正一さんに面会を求めた。早稲田の元ブント派リーダーである。病後で不自由な奥田さんの語りを、妻の直美さんが補足してくださる。島博子さんを紹介され、博子さんの口聞きで、関係者を訪ね歩く日々が始まった。

快く会ってくださった方ばかりではない。近代史研究者の坂野潤治さんには、「過去を振り返ったってしょうがないでしょ。新人会（一九一八年創立、東京帝国大学の思想運動グループ）が五〇周年のお祝いをしているときに安田講堂が起こったんだから、新しい運動を起こすんでなきゃ意味がない」と言われた。

過去を懐かしんでいるわけではない。六〇年安保闘争の象徴として虚実入り混じったイメージに閉じこめられている樺美智子の実像に迫りたかった。レクイエムを歌うつもりはなく、彼女が差し出した未来に蓋をしないで、ストレートに伝えたいと思った。樺美智子という人を通して一九六〇年の時代精神をどれだけ文章に掬い取れるか、試してみたかったということもある。

最後まで連絡のとれなかった神戸高校の同級生に会えたのは、二〇〇九年一月。これでやっと書けると三月に書き始めたから、タイムリミットまで一年未満。なんとか五〇周年にまにあわせることができて、ほっとしている。

貴重なお話を聞かせていただきながら、文中に証言を生かせなかった方も多い。次にお世話になった方がたのお名前を記してお礼にかえさせていただく。

秋山洋子・池澤康郎・石田米子・大口勇次郎・沖本綾子・奥田正一・奥田直美・加藤栄一・加藤克子・加藤亮太郎・加納宗子・樺茂宏・北原敦・蔵田計成・栗山武・古賀康正・今野宏子・司波寛・島博子・清水澄子・末友康允・杉浦節子・高村直助・田中一行・手塚英男・十時由紀子・長尾久・長崎暢子・長崎浩・（故）中島通子・野中文江・林浩之・林紘義・道広容倫・八木田宜子・山下主一（敬称略）。

樺茂宏家所蔵の、まだ世に出ていない丸木俊の絵でカバーを飾ることができたのは、望外のしあわせである。俊と親しかった樺光子の引き合わせかと、勝手に想像している。

文藝春秋のベテラン編集者木俣正剛さんに担当していただき、改めて、文の居ずまい、たたずまいということを考えさせられ、編集者とともに本を作りあげる楽しさ、厳しさを経験した。これも得がたいしあわせと感謝している。

二〇一〇年四月　　　　　　　　　江刺昭子

文庫あとがき

本書の単行本(単行本時のタイトルは『樺美智子　聖少女伝説』)を出してから一〇年になる。樺美智子の周辺の取材を始めたときから数えると一五年以上が経ち、美智子の長兄の樺茂宏さんをはじめ、お話を聞かせていただいた方の多くが鬼籍に入られた。関係者に取材して書く評伝にはタイムリミットがあることを改めて感じる。

本の上梓後、「沼津　樺美智子を偲ぶ会」に招かれて少女時代の彼女に出会いなおした。友人たちに慕われ、一目おかれる存在で、今も人びとの心に大事にしまわれている。

大学の同期生や活動家仲間が集まると、彼女が好きだったのは誰だったのかという話題になる。あの人、この人と噂があるなかで、本命と思われる人はなかなか取材に応じてくれなかった。思想信条を同じくする人で、亡くなられる直前にやっとお目にかかれた。

また、扼殺か圧死か、二説に分かれている死因を糾明したくて関係者を訪ね歩いたが、決定的な証拠が得られない。監察医の死体検案書と、解剖にあたった二人の医師の鑑定書の公開が望まれる。これらについては、稿を改めたい。

彼女が死んだ夜が明けた国会前、抗議のデモであたり一面が黒い傘で覆いつくされた写真がある。その後、ふたたび目にすることができない光景だが、何か政治や社会に問題があれば人が集まるという行動がなくなったわけではない。

東日本大震災後、脱原発を求めるデモが盛んになり、特定秘密保護法や安保法制をめぐって、十万人単位のデモが見られた。学生団体「ＳＥＡＬＤｓ」も「民主主義ってなんだ？」「これだ！」とラップ調のコールで気勢をあげた。性暴力の被害者に寄り添う女たちのフラワーデモは現在進行形だ。その特徴は、組織による動員ではなく、明確な主張を持っている人もいれば、何となくおかしいと感じて参加する人も多いことだ。それは目に見えるほどの大きな変化を起こさなくても、政治や社会を動かす底力になっている。だから、行動することを諦めてはいけないと思う。

まもなく、夏の季語にもなった「樺忌」が来る。あの時代の熱気を共有したわたしたちは、樺美智子の凜とした生き方を忘れないでいたい。日本史上、最大の反政府運動がどのようにして起こり、収束したかを、のちの世に伝えていきたい。日米安保条約の今とこれからを議論のテーブルに載せてほしい。文庫版出版にあたっての思いはこれに尽きる。

お世話になった方がたに心からお礼を申しあげます。

二〇二〇年三月

江刺昭子

【参考文献】

全体

・三一書房編集部『資料　戦後学生運動一〜六巻』三一書房、一九六九年
・社会問題研究会編『全学連各派　学生運動事典』双葉社、一九六九年
・阿部行蔵・細野武男『全学連　怒る若者』緑風社、一九六〇年
・現代思潮社編集部編『装甲車と青春　全学連学生の手記』現代思潮社、一九六〇年
・信夫清三郎『安保闘争史』世界書院、一九六一年
・臼井吉見編『現代教養全集別巻　一九六〇年・日本政治の焦点』筑摩書房、一九六〇年
・大野明男『全学連その行動と理論』講談社、一九六八年
・海野晋吉編『歴史への証言　六・一五のドキュメント』日本評論新社、一九六〇年
・松島栄一編者代表『六・一五事件前後』東京大学職員組合、一九六〇年
・高橋和巳編『明日への葬列』合同出版、一九七〇年
・蔵田計成『新左翼運動全史』流動出版、一九七八年
・高木正幸『新左翼三十年史』土曜美術社、一九八八年
・保阪正康『六〇年安保闘争』講談社、一九八六年
・女たちの現在を問う会『女たちの六〇年安保―銃後史ノート戦後篇』インパクト出版会、一九九〇年
・大嶽秀夫『新左翼の遺産　ニューレフトからポストモダンへ』東京大学出版会、二〇〇七年

新聞・機関紙誌

『毎日新聞』、『朝日新聞』、『読売新聞』、『週刊　東京大学新聞』、『東大教養学部新聞』、『学苑』、『アカハタ』、『婦人しんぶん』、『婦人民主新聞』、『戦旗』、『全学連通信』

一章

・樺光子編『人しれず微笑まん　樺美智子遺稿集』三一書房、一九六〇年
・樺光子編『友へ　樺美智子の手紙』三一書房、一九六九年
・樺俊雄『最後の微笑』文藝春秋新社、一九六〇年（改訂版　文藝春秋、一九七〇年）
・樺俊雄／光子『死と悲しみをこえて』雄渾社、一九六七年
・金田進編『鳥取県百傑伝』山陰評論社、一九七〇年
・樺俊雄「思想への模索」『流動』一九八〇年一月
・樺俊雄『歴史は繰り返すか　現代史エッセイ』勁草書房、一九七九年
・B・ジーハー作・樺光子訳『ボイタ君とゆかいな仲間』あかね書房、一九六七年
・『家庭週報』一九二三年三月三〇日号
・勝目テル『未来にかけた日日』新日本婦人の会、一九六一年
・兵庫県立神戸高等学校『矢内原忠雄先生講演』一九五二年
・朝日ジャーナル編『女の戦後史　Ⅱ　昭和30年代』朝日新聞社、一九八五年

二章

・手塚英男作品選第一巻『酔十夢』同時代社、二〇〇九年
・東京大学女子卒業生の会　さつき会編『東大卒の女性　ライフ・リポート』三省堂、一九八九年
・林紘義「天の火もがも」『海つばめ』二〇〇八年六月二九日〜二〇一〇年二月二一日
・林紘義『哀惜の樺美智子　60年安保闘争獄中記』三一書房、一九九七年
・青木昌彦『私の履歴書　人生越境ゲーム』日本経済新聞社、二〇〇八年
・森川友義『60年安保　6人の証言』同時代社、二〇〇五年

三章

・島成郎『ブント私史』批評社、一九九九年
・島成郎監修『ブントの思想　別巻　戦後史の証言・ブント』批評社、一九九九年
・島成郎記念文集刊行会編『60年安保とブント（共産主義者同盟）を読む』情況出版、二〇〇二年

・島成郎記念文集刊行委員会編・著『ブント書記長島成郎を読む』情況出版、二〇〇二年
・森田実『戦後左翼の秘密　60年安保世代からの証言』潮文社、一九八〇年
・松岡利康『敗北における勝利　樺美智子の死から唐牛健太郎の死へ』鹿砦社、一九八五年
・戦旗出版局『未完の意志［資料］六〇年安保闘争と第一次ブント』エスエル出版会、一九八五年
・蔵田計成『60年安保ブンド結成50周年記念集会』情況出版、二〇〇八年
・大蔵成行『安保世代一〇〇〇人の歳月　国会突入の日から……』講談社、一九八〇年
・古賀康正『遊びをせんとや生まれけむ』徳間書店、一九八九年

四章

・樺俊雄「『安保闘争』わが娘国会南門に死す」『昭和史探訪』⑥角川書店、一九七五年
・長崎浩『1960年代・ひとつの精神史』作品社、一九八八年
・「参議院会議録情報　第034回国会　法務委員会　第3号」一九六〇年二月一六日
・樺俊雄「全学連に娘を奪われて」『文藝春秋』一九六〇年三月号
・樺俊雄「娘よ家に帰れ」『若い女性』一九六〇年四月号
・小林トミ著・岩垂弘編『「声なき声」をきけ』同時代社、二〇〇三年
・『東京大学新聞　臨時増刊　たたかいの記録』一九六〇年七月一一日
・鶴見俊輔『戦時期日本の精神史』岩波書店、一九八二年
・全京都出版委員会編『足音は絶ゆる時なく』白川書院、一九六〇年
・清水幾太郎「いまこそ国会へ—請願のすすめ」『世界』一九六〇年四月号
・東京大学文学部国史学研究室協議会『国史研究室』九号　一九六〇年
・日高六郎編『1960年5月19日』岩波書店、一九六〇年

五章

・『ゆるせない日からの記録　写真集　民主主義を守る　斗いの30日』麦書房、一九六〇年

・西部邁『六〇年安保　センチメンタル・ジャーニー』文藝春秋、一九八六年
・児島襄『国会突入せよ』読売新聞社、一九九七年
・三田英一「樺美智子　死の五分間」『現代の眼』一九六八年八月号
・松山善三「この暴挙ゆるすまじ　6月19日午前0時　歴史の瞬間に立って」『週刊朝日』一九六〇年七月三日
・樺光子「遠く離れてしまった星―美智子の霊よ、安らかに」『週刊朝日』一九六〇年七月三日
・「いつまでも私は笑わない―樺美智子さんの死とその行動」『サンデー毎日』一九六〇年七月三日
・「声なき母たちの怒り」『週刊現代』一九六〇年七月三日
・渡辺富雄「特別寄稿　樺美智子さんの死体検案書」『週刊新潮』一九六〇年七月一八日
・坂本昭「樺美智子さんの死―主として医学的に」『世界』一九六〇年八月号
・「安らかに眠れ　樺美智子さん」『女性自身』一九六〇年六月二九日
・「彼女は最前線にいなかった?」『女性自身』一九六〇年七月二〇日
・「参議院会議録情報　第035回国会　法務委員会　第2号」一九六〇年八月一〇日
・内藤國夫「樺美智子さんの死の瞬間」『文藝春秋』一九六七年六月号
・「樺事件の真相を争う六人の〝目撃者〟」『週刊現代』一九六〇年一二月二五日
・水戸巌編『裁判闘争と救援活動　60年安保から70年闘争へ』大光社、一九七〇年
・樺光子「娘が残した宿題と遺産」『週刊新潮』一九六二年一二月二六日
・樺俊雄「体験的新聞批判」『中央公論』一九六〇年八月号
・「特集　60年を回顧する」『朝日ジャーナル』一九六九年一月一二日
・奥浩平『青春の墓標―ある学生活動家の死―』文藝春秋、一九七四年
・干刈あがた『樹下の家族』福武書店、一九八三年

六章

・横井陽一編『回想　横井亀夫の生涯　真実一路・労働運動九十年の闘い』同時代社、二〇〇二年
・樺俊雄「嵐の議事堂に消えた娘」『文藝春秋』

一九六〇年八月号
・樺俊雄「美智子よ、永遠に眠れ」『若い女性』一九六〇年八月号
・樺光子「特別手記　美智子は私の光だった」『週刊平凡』一九六〇年六月二九日
・「嵐にそよぐ青春の記録」・樺光子「美智子よ!! なぜ死んだの―やさしい娘を失った母の悲しみ―」『マドモアゼル』一九六〇年八月号
・樺光子「美智子よ、道を示して下さい」『婦人公論』一九六〇年八月号
・樺光子「支えてくれた未知の大衆」『朝日ジャーナル』一九六九年一月一二日
・樺光子「真の〝革命的前衛〟とは?」『図書新聞』一九六二年六月三〇日
・北小路敏「樺光子さんの公開状に答える」『図書新聞』一九六二年七月七日
・服部翠『願い限りなく―原水禁運動にかけた女医の生涯』東研出版、一九八三年
・樺光子「今も私に語る美智子」『戦後日本思想大系』筑摩書房、一九六八年
・樺光子「美智子なきわが家の十年」『潮』一九七〇年六月号
・樺光子「娘・美智子の追悼集会を巡って」『潮』一九七〇年八月号
・『復刻版　声なき声のたより一、二巻』思想の科学社、一九九六年
・樺茂宏「美智子の死とその後」『潮』一九七四年五月号
・「六〇年安保の星『樺美智子』の実兄」『週刊新潮』一九八九年一月二六日
・樺茂宏「徹夜で勉強してからデモや集会に出かけた妹」『文藝春秋』一九八九年九月号
・島成郎「『樺美智子追悼四〇周年の集い』に寄せて」『図書新聞』二〇〇〇年六月一〇日

本書は二〇一〇年五月、単行本『樺美智子　聖少女伝説』として文藝春秋より刊行されました。文庫化にあたって改題し、一部加筆修正しました。

写真＝樺茂宏家所蔵

樺美智子《かんばみちこ》、安保闘争《あんぽとうそう》に斃《たお》れた東大生《とうだいせい》

二〇二〇年　六　月一〇日　初版印刷
二〇二〇年　六　月二〇日　初版発行

著　者　江刺昭子《えさしあきこ》
発行者　小野寺優
発行所　株式会社河出書房新社
〒一五一−〇〇五一
東京都渋谷区千駄ヶ谷二−三二−二
電話〇三−三四〇四−八六一一（編集）
〇三−三四〇四−一二〇一（営業）
http://www.kawade.co.jp/

ロゴ・表紙デザイン　粟津潔
本文フォーマット　佐々木暁
本文組版　KAWADE DTP WORKS
印刷・製本　凸版印刷株式会社

Printed in Japan　ISBN978-4-309-41755-4

私戦

本田靖春 41173-6

一九六八年、暴力団員を射殺し、寸又峡温泉の旅館に人質をとり篭城した劇場型犯罪・金嬉老事件。差別に晒され続けた犯人と直に向き合い、事件の背景にある悲哀に寄り添った、戦後ノンフィクションの傑作。

シモーヌ・ヴェイユ　アンソロジー

シモーヌ・ヴェイユ　今村純子〔編訳〕 46474-9

最重要テクストを精選、鏤骨の新訳。その核心と全貌を凝縮した究極のアンソロジー。善と美、力、労働、神、不幸、非人格的なものをめぐる極限的にして苛烈な問いが生み出す美しくきびしい生と思考の結晶。

右翼と左翼はどうちがう？

雨宮処凛 41279-5

右翼と左翼、命懸けで闘い、求めているのはどちらも平和な社会。なのに、ぶつかり合うのはなぜか？　両方の活動を経験した著者が、歴史や現状をとことん噛み砕く。活動家六人への取材も収録。

死刑のある国ニッポン

森達也／藤井誠二 41416-4

「知らない」で済ませるのは、罪だ。真っ向対立する廃止派・森と存置派・藤井が、死刑制度の本質をめぐり、苦悶しながら交わした大激論！　文庫化にあたり、この国の在り方についての新たな対話を収録。

愛と痛み

辺見庸 41471-3

私たちは〈不都合なものたち〉を愛することができるのか。時代の危機に真摯に向き合い続ける思想家が死刑をいままでにないかたちで問いなおし、生と世界の根源へ迫る名著を増補。

カネと暴力の系譜学

萱野稔人 41532-1

生きるためにはカネが必要だ。この明快な事実から国家と暴力と労働のシステムをとらえなおして社会への視点を一新させて思想家・萱野の登場を決定づけた歴史的な名著。

1%の力

鎌田實　41460-7

自分、自分、自分、の時代。今こそ誰かのための「1%の力」が必要だ。1%は誰かのために生きなさい。小さいけれど、とてつもない力。みんなが「1%」生き方を変えるだけで、個人も社会も幸福になる。

幸せを届けるボランティア　不幸を招くボランティア

田中優　41502-4

街頭募金、空缶拾いなどの身近な活動や災害ボランティアに海外援助……これってホントに役立ってる？　そこには小さな誤解やカン違いが潜んでいるかも。“いいこと”したその先に何があるのか考える一冊。

偽善のトリセツ

パオロ・マッツァリーノ　41660-1

愛は地球を救わない？　でも、「偽善」は誰かを救えるかもよ⁉　人は皆、偽善者。大切なのは、動機や気持ちではなく、結果である。倫理学と社会学から迫る、誰も知らない偽善の真実。

カルト脱出記

佐藤典雅　41504-8

東京ガールズコレクションの仕掛け人としても知られる著者は、ロス、NY、ハワイ、東京と九歳から三十五歳までエホバの証人として教団活動していた。信者の日常、自らと家族の脱会を描く。待望の文庫化。

死してなお踊れ

栗原康　41686-1

行くぜ極楽、何度でも。家も土地も財産も、奥さんも子どもも、ぜんぶ捨てて一遍はなぜ踊り狂ったのか。他力の極みを生きた信仰の軌跡を踊りはねる文体で蘇らせて、未来をひらく絶後の評伝。

教養としての宗教事件史

島田裕巳　41439-3

宗教とは本来、スキャンダラスなものである。四十九の事件をひもときつつ、人類と宗教の関わりをダイナミックに描く現代人必読の宗教入門。ビジネスパーソンにも学生にも。宗教がわかれば、世界がわかる！

結婚帝国

上野千鶴子／信田さよ子　41081-4

結婚は、本当に女のわかれ道なのか……？　もはや既婚／非婚のキーワードだけでは括れない「結婚」と「女」の現実を、〈オンナの味方〉二大巨頭が徹底的に語りあう！　文庫版のための追加対談収録！

夫婦という病

岡田尊司　41594-9

長年「家族」を見つめてきた精神科医が最前線の治療現場から贈る、結婚を人生の墓場にしないための傷んだ愛の処方箋。衝撃のベストセラー『母という病』著者渾身の書き下ろし話題作をついに文庫化。

家族収容所

信田さよ子　41183-5

離婚に踏み切ることなどできない多くの妻たちが、いまの生活で生き抜くための知恵と戦略とは――？　家族という名の「強制収容所」で、女たちが悩みながらも強く生きていくためのサバイバル術。

スカートの下の劇場

上野千鶴子　41681-6

なぜ性器を隠すのか？　女はいかなる基準でパンティを選ぶのか？――女と男の非対称性に深く立ち入って、下着を通したセクシュアリティの文明史をあざやかに描ききり、大反響を呼んだ名著。新装版。

表参道のヤッコさん

高橋靖子　41140-8

新しいもの、知らない空気に触れたい――普通の少女が、デヴィッド・ボウイやT・レックスも手がけた日本第一号のフリーランスのスタイリストになるまで！　六十～七十年代のカルチャー満載。

感じることば

黒川伊保子　41462-1

なぜあの「ことば」が私を癒すのか。どうしてあの「ことば」に傷ついたのか。日本語の音の表情に隠された「意味」ではまとめきれない「情緒」のかたち。その秘密を、科学で切り分け感性でひらくエッセイ。